大切な青年《きみ》と

未来につなぐナガサキの声

創価学会長崎青年平和委員会・女性平和文化会議 編

第三文明社

発刊にあたって

本年八月九日、長崎に原爆が投下されて七十五年がたちました。厚生労働省の発表によると、全国の被爆者（被爆者健康手帳所持者）は約十三万七千人、平均年齢は八十三歳。年々、被爆者の高齢化は進み、悲惨な歴史を経験した人々の生の声を直接聞ける、最後の節目を迎えています。

そのような中、本書を手に取る皆さまに私たちが伝えたいことは、復興した長崎を創り、私たちを育ててくれたお祖父《じい》さん・お祖母《ばあ》さん、お父さん・お母さんの平和への思いを、共に継承していきたいという点です。それは、被爆当時の状況や歴史を学ぶことはもとより、被爆者が命を削る思いでつないできた、核廃絶を願う「心」を受け継いでいくことだと思います。

社会は、これまでにも増して、変化の速度を上げているため、被爆体験の継承のあり方は、時代に応じて変化していくでしょう。しかし、世界がどれだけ変わっていこうと、「8・9」に起きた真実を風化させるわけにはいきません。

世界に目を転じると、本書でも触れた核兵器禁止条約が国連で採択（二〇一七年七月）されたことは、核兵器廃絶に向けて大きな前進でした。ただ、条約が効力を持ち、核廃絶が一段と進んだとしても、長崎大学核兵器廃絶研究センター（ＲＥＣＮＡ）の吉田文彦センター長が語られるように、「核廃絶イコール平和ではない」（本書第二章）ということを、私たちは心にとどめておかなければいけません。

核軍縮でさえ停滞している現状を踏まえると、平和への道のりは険《けわ》しく思えます。しかし、核兵器禁止条約の採択への道がそうだったように、私たち一人一人が、世界の人々と手を取り合いながら平和を希求《ききゅう》し行動を続けていくこと――それは小さな一歩かもしれませんが、その行動をつなげ広げていく中でしか、平和な社会の創出はなしえないことも確かです。そして、ＳＤＧｓ*が「誰も置き去りにしない」との基本理念を掲げ、経済・社会・環境などあらゆる側面から働きかけているように、核兵器廃絶もまた、幅広い視点から、推進を図っていくことが必要でしょう。

こうしたことを考えながら、本書は、次の三章構成としました。

第一章では、長崎で被爆した方や被爆二世の方による七つの証言を、未来を担《にな》う中高生が聞き取りし、その取材後記とあわせて収録しました。

第二章では、「継承」をテーマに、ＲＥＣＮＡの吉田センター長に話を伺うとともに、平和運動に挑戦してきた学生二人に、等身大の姿でこれからの思いを語ってもらいました。

＊ Sustainable Development Goals（持続可能な開発目標）の略。2015年9月の国連サミットで採択されたもので、2030年までに国際社会で共通して取り組む開発目標を定めている。

第三章では、いまだ世界に存在する核兵器をめぐる現状、核廃絶に向けた取り組みなどについて、分かりやすく解説を試みています。

言葉では表現できないような悲惨な体験をしながらも、懸命《けんめい》に生き抜いてきた証言者の方々からは、どんな困難が立ちはだかろうとも、乗り越えていける人間の無限の可能性、力強さを教えていただいた気がします。「同じ思いを二度と経験させたくない」と声をそろえる被爆者の話を聞き、私たちは次の言葉を思い起こしました。

「戦争は人の心の中で生まれるものであるから、人の心の中に平和のとりでを築かなければならない」（ユネスコ憲章前文）

本書が、読者の皆さまにとって「平和とは何か」「何が大切なのか」「私に何ができるのだろうか」等、思いを深めるきっかけとなれば幸いです。そして、三度目の核兵器を使用させないと誓い、行動を起こしてこられた長崎の被爆者の方々の思いを、未来へ届けていく一助になればと願っています。最後に、貴重な体験を寄せていただいた証言者の方々をはじめ、ご協力いただいた全ての方に、心より感謝申し上げます。

二〇二〇年十一月

編　者

CONTENTS

CONTENTS

第3章 核のない世界を目指して

プロローグ

あなたにとって
大切なものは何ですか――

一九四五年八月九日
夏の暑い日でした

男の子たちは
食べ物が足りなくて
お腹《なか》は空《す》いていたけれど
美しい川で
元気いっぱい
夢中になって
泳ぎ遊んでいました

女の子は
きれいに着飾る
洋服はなかったけれど
家の陰《かげ》に隠れて
大好きな家族を
思い描きながら
おままごとを
楽しんでいました

たくさんの学生たちは
多くの人の役に立ちたいと
夢と希望に満ちて
一生懸命《けんめい》に
勉強していました

友達とおしゃべりしたり
恋に憧《あこが》れたり

女生徒たちは
勤労動員に行く時でも
ほほえみを忘れませんでした

お母さんは
わが子を宝物のように
胸に抱き
愛《いと》おしそうに
見つめあっていました

青い空の下には
そうした人々の日常が
ありました

一九四五年八月九日
午前十一時二分――
空から落ちてきたそれは、
全てを一瞬で変えてしまいました

たった一発の
原子爆弾が
そこにあった
ささやかな日常を
吹き飛ばし
焼き尽くし

黒い雨は
その空の下に
生きていた人々の人生を
塗《ぬ》りつぶして
降り続けました

かつての美しい川は
おびただしい数の死体で
埋め尽くされ

川遊びをしていた男の子たちは
何が起きたのかも分からず
ただれた自分の皮膚《ひふ》を見て
呆然《ぼうぜん》としていました

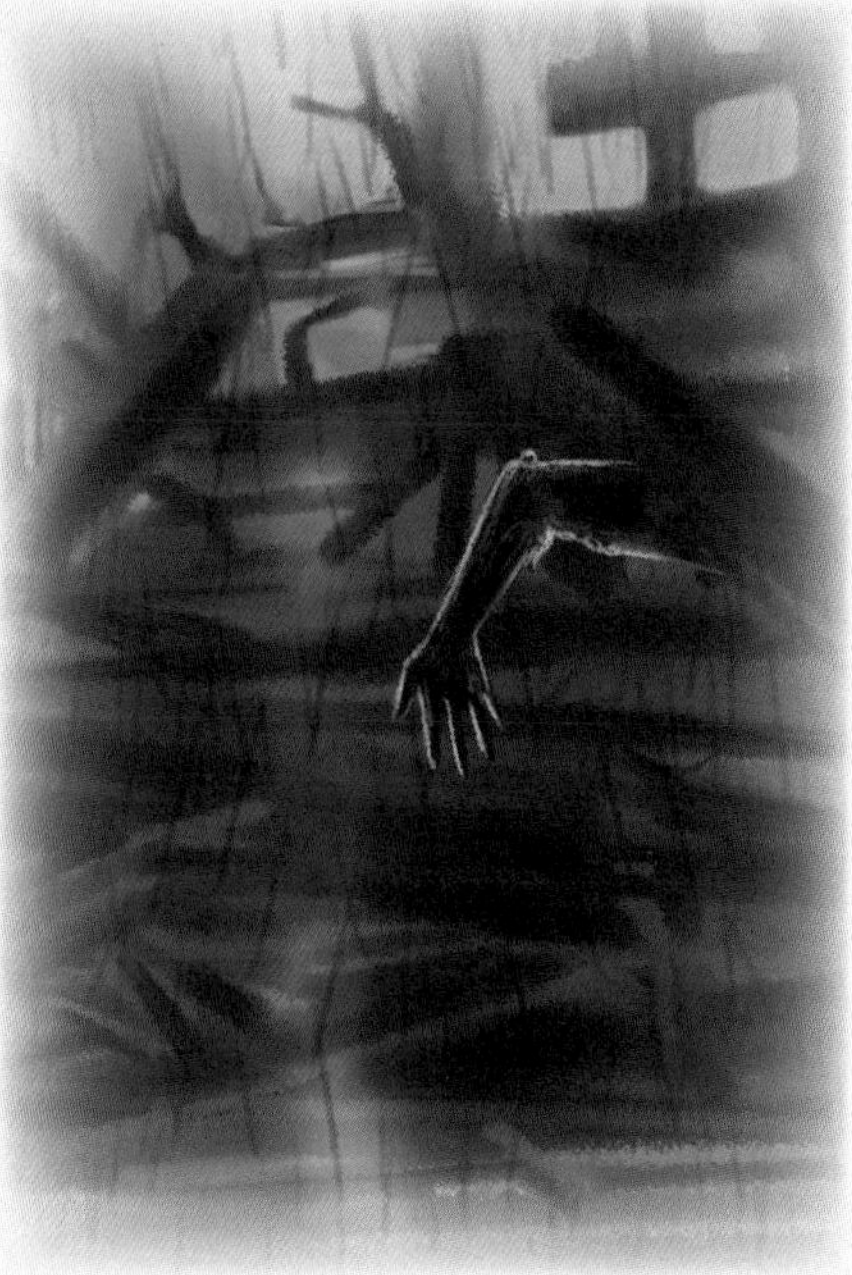

焼け焦《こ》げた髪の毛
全身はやけどで
背中は赤く体は青紫《あおむらさき》に

先生は教壇《きょうだん》に立ったまま
学生は座席についたまま
もう二度と
動くことはありませんでした

女の子は家の陰に守られて
生き残りました
だけど　さっきまでそばにいた
大好きな家族は
みんないなくなって
独《ひと》りぼっちになりました

お母さんは赤ちゃんを
守るように抱き締《し》めて
赤ちゃんはお母さんに
しがみついたまま
黒焦げになってしまいました

それは地獄のような一瞬
絶望的な命の終わりが
地上を包み込んだ日でした

七十五年前、
現実に起きた平和とは正反対の「悲劇」

忘れることのできない
その日のことを

失わせてはいけない　あの日の記憶を
二度と、あの悲劇を繰り返させないために

大切なものを守り、未来へつなげていくために

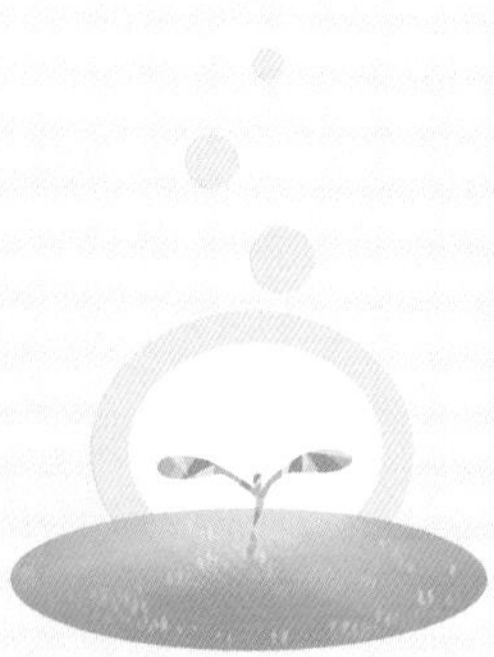

第1章

証言——平和への祈り

爆心地の被害状況

▷山里国民学校（爆心地から北0.7キロ）

コの字型鉄筋コンクリート3階建てだったが、校舎南、西側の3階部分が崩壊し、火災により北側1、2階を残し全焼した。被爆時に在校していた32人中28人が死亡。1945年6月末時点で在籍していた同校生徒1581人のうち、1300人が自宅で死亡したとされる。

▷浦上天主堂（爆心地から北東0.5キロ）

高さ26メートルで、当時東洋一の大きさを誇っていた。熱線、炎により黒く焼け、石柱は爆風で吹き飛ばされた。

▷城山国民学校（爆心地から西0.5キロ）

鉄筋コンクリート3階建て。本館・旧館の2棟があった。土台から西に傾き各階とも内部破損。

被爆時に在校していた33人中29人が死亡。

当時の児童約1500人のうち、1400人が自宅で死亡したとされる。

▷新興善《しんこうぜん》国民学校（爆心地から南南東3キロ）

爆風により窓ガラスは割れたが、コンクリート造りで爆心地から少し離れていたことで、倒壊を免《まぬか》れ校舎は残っていた。救護所として8月31日頃までに約8000人の治療を行った。

▷長崎駅（爆心地から南南東2.5キロ）／
▷長崎県庁（爆心地から南東3.3キロ）

長崎駅、長崎県庁ともに、午後0:30頃に出火し駅舎、本庁舎は全焼した。

左ページ図：長崎大学原爆後障害医療研究所資料を基に作成

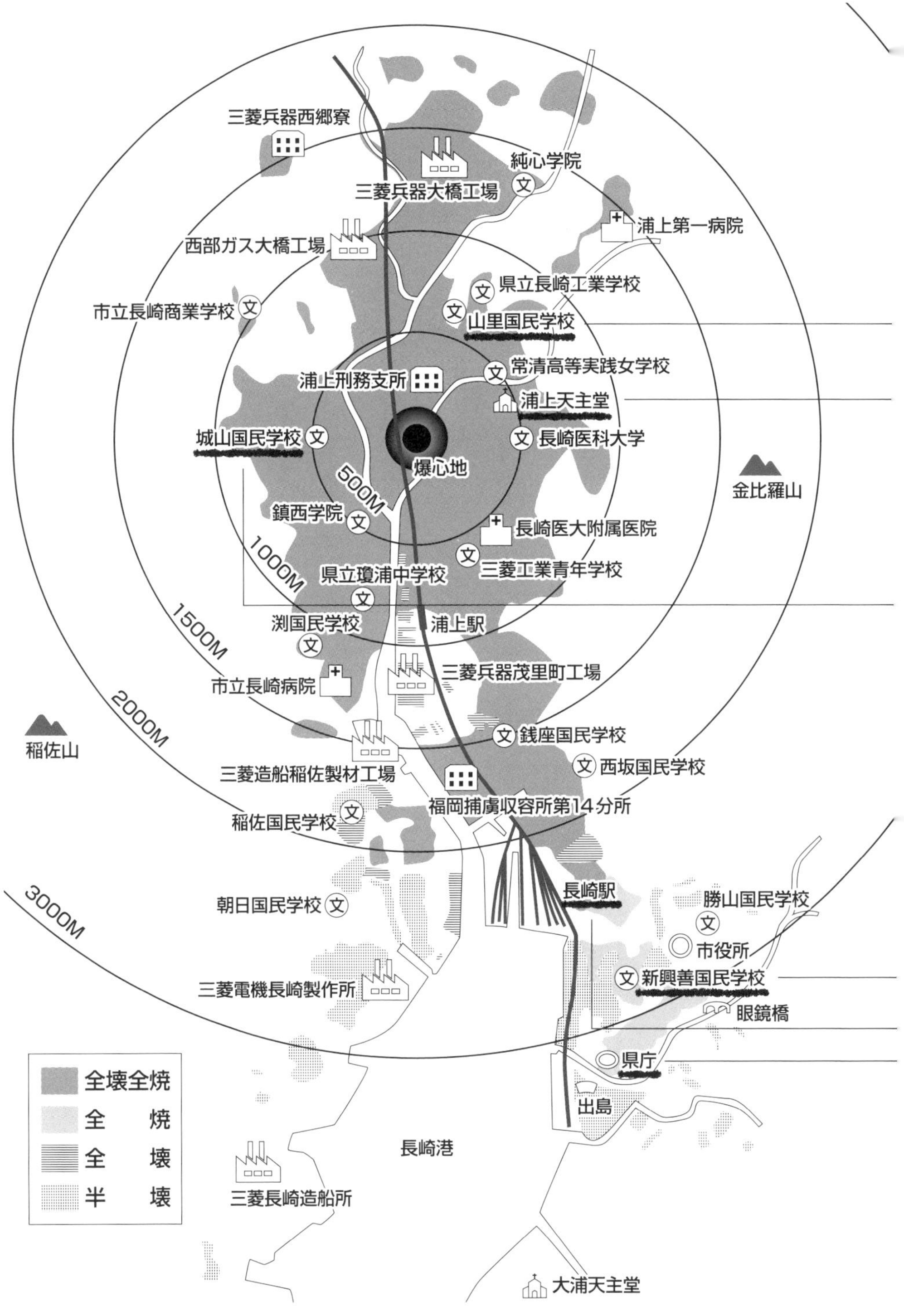

三菱兵器西郷寮
三菱兵器大橋工場
純心学院
浦上第一病院
西部ガス大橋工場
県立長崎工業学校
市立長崎商業学校
山里国民学校
常清高等実践女学校
浦上刑務支所
浦上天主堂
城山国民学校
長崎医科大学
爆心地
500M
金比羅山
鎮西学院
長崎医大附属医院
1000M
三菱工業青年学校
県立瓊浦中学校
浦上駅
淵国民学校
1500M
三菱兵器茂里町工場
市立長崎病院
2000M
稲佐山
銭座国民学校
西坂国民学校
三菱造船稲佐製材工場
福岡捕虜収容所第14分所
稲佐国民学校
3000M
長崎駅
勝山国民学校
朝日国民学校
市役所
新興善国民学校
三菱電機長崎製作所
眼鏡橋
県庁
全壊全焼
全　焼
全　壊
半　壊
出島
長崎港
三菱長崎造船所
大浦天主堂

毎晩のように見る母の夢
〝母ちゃん、どこにおると〟

証言者　牟田《むた》満子《みつこ》さん

インタビュアー　前田《まえだ》優斗《ゆうと》さん（中学二年生）

【証言者プロフィル】

一九三六年（昭和十一年）三月生まれ。四姉妹の長女。九歳の時、爆心地から二・五キロの西山本町で被爆。母と一番下の妹は帰らぬ人となり、遺骨も遺品も見つからなかった。翌年、父も病で亡くなる。残された二人の妹の面倒を見ながら働いた。被爆の後遺症はなかったが、長い間、貧しい生活で苦しんだ。現在、世界で唯一の被爆者だけの合唱団「被爆者歌う会・ひまわり」の一員として、核廃絶の思いを歌に託す。八十四歳。長崎市西山在住。

――原爆が投下された日の様子を聞かせてください。

国民学校の四年生だった私は、公民館で学校の補習《ほしゅう》を受けていました。夏休み中は公民館で、毎日一時間ほど、高学年と低学年に分かれて、勉強していたと思います。一・二・三年生の後に、四・五・六年生といった具合でした。

午前十一時、補習が終わったので、後片付けをしていたんです。筆箱《ふでばこ》のふたを閉じようとした瞬間、窓の外が突然、真っ黄色になって。あれ、外に電気でもついたのかな、

上空から見た「きのこ雲」

何だろうって。すると学校の先生が大声で「伏せなさい！」と叫びました。その瞬間、すさまじい爆風が襲《おそ》ってきました。窓ガラスは全て一瞬で吹き飛びました。防空頭巾《ずきん》を横に置いていましたが、かぶることさえできませんでした。われに返り見回すとみんな折り重なって倒れていました。「母ちゃん」「父ちゃん」と言って、わんわん泣いていました。

先生は一人ずつおぶって、すぐ近くの防空壕《ごう》へ運んでくれました。何が起きたのかさっぱり分からず、ただ驚《おどろ》くばかりで、痛みも全然感じませんでした。でも、血がダラダラと流れてきて。その時、顔中、体中に窓ガラスの破片が刺さっていることに気付いたんです。その傷痕《きずあと》は今も残っています。

でもそんなことよりも、いくら待っても帰ってこない母と一番下の妹が心配でした。二人は朝から長崎大学病院に出かけていました。そう、爆心地の近くです。脊椎《せきつい》カリエスで寝たきりだった父の薬をもらうためでした。親戚が総出で捜《さが》し回りました。でも、遺骨はおろか、遺品さえも見つかりませんでした。

それから、毎晩のように母の夢を見ました。〝母ちゃん、どこにおると？〟と問い掛けても、母は何も答えてくれませんでした。

——目に焼き付いて離れない光景はありますか？

水、水と言いながら、よろよろと歩く人たちの姿が忘れられません。衣服はボロボロで、皮膚《ひふ》はたれ下がり、ほとんどが裸足《はだし》でした。みんな水を求めて、浦上《うらかみ》のほうから金比羅《こんぴら》山を登ってきて、今度は西山のほうへ下りていくんです。あの人たちはどこへ行ったのか……。途中で倒れて亡くなる人もいました。私がいた防空壕まで、水を求めて来た人がいましたが、目の前でばたっと倒れて、そのまま亡くなった人もいました。

——その後はどんな生活を送られたのですか？

何日かはもう、何かを炊いて食べることはできませんでした。米や豆を煎《い》った非常食、そんなのばかりでした。父は被爆した翌年、容体《ようだい》が悪くなり、亡くなりました。原爆のせいかもと思わずにはいられませんでした。私と残された二人の妹は、祖父母と暮らすようになりました。妹の面倒を見ながら、畑を手伝いました。学校には通えず、同世代の少女の制服姿がうらやましかったです。泥まみれの自分が哀《あわ》れで、よく泣いていました。

十六歳の時、祖父母の勧めで結婚しました。私は会ったこともない人だから嫌《いや》だと言ったんですが、不可抗力《ふかこうりょく》で。生活が安定するならという一点で、夫と一緒になりました。植木屋、桶《おけ》屋、塗装屋など、夫婦でいろんな仕事をしましたが、家計はいつも火の車でした。生活が楽になるまでは、気が遠くなるような年月がかかったと思います。

その間、被爆したことを人に言うことはありませんでした。自分が被爆者だって言いたくなかったのかもしれませんね。子どもに放射能の影響が出るとか、うわさが後を絶ちませんでした。周りはほとんど被爆者ですから、お互いに黙《だま》っていました。言ったって何一つ良いことなんてなかったですから。

――被爆体験を語るようになったのは、何か理由があったのですか？

体験を語るようになったのは、七十歳を過ぎてからです。十二年ほど前、親友に誘われて、被爆者だけの合唱団「ひまわり」に入ったのがきっかけでした。思い出深いのは、二〇一五年四月、海外公演でアメリカのニューヨークを訪れた時のことです。超満員の聴衆の前で「もう二度と」という曲を歌いました。

♪聞こえていますか　被爆者の声が
あなたの耳に　聞こえていますか
もう二度と作らないで　わたしたち被爆者を……

歌い終えた瞬間、スタンディングオベーション（立ち上がって拍手）でした。拍手は鳴りやまず、私たちの思いは届いたんだって思いました。

　グラウンド・ゼロ（世界貿易センタービル跡地）にも行きました。テロの光景と原爆の惨状《さんじょう》が重なって、涙が出てきました。復讐心《ふくしゅうしん》や憎しみからは、悲惨しか生まれない。私たちの世代は青春も夢もありませんでした。原爆が何十万もの人を殺し、生存者を何十年も苦しめ続けています。もう二度と、誰にもこんな思いをさせたくありません。一発の核兵器さえ、この地球には要《い》らないんです。私は「ひまわり」に入ったことで、自分自身が生かされている意味を考えるようになりました。私たちが足踏みをした分だけ、平和の歩みは止まってしまいます。その思いに突き動かされながら、日々歌っています。

――最後に、牟田さんにとって平和とは？

　核兵器をなくすためには戦争をなくさねばなりません。戦争をなくすには、独《ひと》りよがりの考えを捨てて、何事も地球規模で考えていかねばなりません。環

牟田 満子さん

境問題一つにしてもそう。世界は今、異常気象に苦しんでいます。昔はそんなことなかった。戦争なんかしている場合じゃないんです。自分の欲望のままに生きるだけでは、誰の役にも立ちません。自分の首を絞《し》めることと一緒。地球が破壊されれば、皆、生きていけないんですから。

　平和は一人一人の行動にかかっています。「善《よ》きことはカタツムリの速度で動く」とは、非暴力の闘士マハトマ・ガンジーの言葉です。なかなか手応《てごた》えを感じられない時もあるかもしれない。でも、諦《あきら》めちゃいけません。一人一人が「負けない心」を持ち続ければ、世界は必ず変えられます。人生を振り返ってみて、そう思います。

取材後記

もし自分が同じ目に遭《あ》ったら……一言一言、私なりに想像しながら話を聞きました。原爆が落ちるまでは、今の私たちと何一つ変わらない日常を過ごしていたこと。それが一瞬にして奪《うば》われた、恐ろしい事実。聞けば聞くほど、耳を覆《おお》いたくなるような話でした。学校の友達と一緒に勉強していた時に、突然の爆風。われに返るまで、全身にガラス片が刺さっていることにさえ気付かない。どれほど怖かったことでしょう。

私はどうしても聞きたかったことがありました。それは、焼け野原になった町で、何もかも奪われてしまった被爆者の方々が、その後、どんな苦しい生活を強《し》いられていたか、です。

わずかな食料をもらうために、親戚の元へ、一日中歩いて行ったこと。自給自足の生活ができるように、学校に行かず、毎日、田畑を耕《たがや》していたこと。将来の夢を考える余裕なんてなかった。

前田 優斗さん

生き残った人が、人として生きることさえも奪ってしまった原爆に、私はやり場のない怒りを覚えました。そんな世の中をもう二度とつくってはいけない。

今度は、私が語っていく番です。私は被爆者でも、被爆二世でもありませんが、牟田さんからバトンを受け取った、平和の〝二番走者〟です。牟田さんが、命を削る思いで語ってくださったことを、私自身が、後世につないでいきます。

生き残った同級生は十四人。命ある限り語り継ぐ

証言者　森本《もりもと》 正記《まさき》さん

インタビュアー　那須《なす》 健太郎《けんたろう》さん
（高校三年生）

【証言者プロフィル】
一九三三年（昭和八年）四月生まれ。十二歳の時、爆心地から一・二キロの城山町で被爆した。当時、城山国民学校の六年生。同校には約千五百人の児童が在籍していたが、その大半が亡くなり、同級生は、卒業の時には十四人になった。二人の姉を原爆症で亡くした。八十七歳。長崎市柳谷町在住。

――八月九日は何をされていたのでしょうか。

九日は、蒸《む》し暑い朝だったように記憶しています。学校は休みだったので、私は九時頃から友達と、近くの溜《た》め池に泳ぎに行きました。確か十人ほどいたと思います。皆、夢中で泳いで遊んでいました。体はくたびれ、空腹を感じ始めたので、身支度《みじたく》を整えようと土手に上がり始めた時です。五年生の子が、空を指差しながら大声で「あっ、落下傘《らっかさん》爆弾ぞ！　みんな見らんか」と叫んだんです。

当時は、それが原爆だということは知るはずもなく、新型の爆弾としか思っていませんでした。原爆の恐ろしさがどんなものか、全く分からなかったので、みんなは「どんなものなんだろう」と興味深く、一斉《いっせい》に土手に駆け上りました。傘が三つ重なった奇怪なパラシュートは、長崎造船所上空から風に乗って次第に近づいてきました。次の瞬間――あたり一帯が、パーッと真っ白になったかと思うと、そのまま気を失ってしまったのです。ボーッと土手の芝が額《ひたい》にくっついたような気はしましたが、それからは全然覚えていないのです。

――体もひどいやけどを負ったと聞きました。どのようにして家に帰られたのですか。

　意識が戻った時には溜め池の水の中にいました。おそらく、原爆の爆風で吹き飛ばされ、土手を転げ落ち、水の中につかったのでしょう。私の場合は、池の中に落ちたことが不幸中の幸いで、水につかった部分はやけどを免《まぬか》れ、何とか一命を取り留めることができました。それでも体の大半はやけどを負い、ものすごく熱くて、胸に手をやると皮膚《ひふ》が手にくっつき、ベロッとむけました。

　土手に這《は》い上がってみると、みんなどうにか無事でしたが、髪の毛が焼けてちぢれ、眉《まゆ》が焦《こ》げてなくなっていたのです。全身やけどでボロボロの衣服の切れ端が、ただれた皮膚に食い込むように張り付いている友達もいました。結局、十人のうち七人が、被爆後、一週間もたたない間に亡くなりました。

崩壊した城山国民学校の南校舎（旧館）

私は家まで無《む》我《が》夢《む》中《ちゅう》で戻りましたが、道中は頭が真っ白というのが正直なところです。吹き飛んだわが家を目《ま》の当たりにして、呆然《ぼうぜん》と立ち尽くしたまま、気が抜けてしまいました。周りのほとんどの家が木《こ》っ端《ぱ》微《み》塵《じん》になって飛び散っていました。

少しでも動ける人は、家の近くにあった大きな防空壕《ごう》に避難しました。私もそこに寝かされたのですが、這ってくる人や、背負われたり、抱きかかえられたりして壕に避難してくる被爆者はひっきりなしでした。爆風で眼球が飛び出し、顔に大きな穴があいたままの人もいました。その人は、しばらくすると傷口にウジが湧《わ》き、住みついて、くり抜かれた目玉の穴の奥で何匹もウジがうごめいていました。

私もやけどが化《か》膿《のう》して、体中からジワジワと、うみが流れていました。ウジが体を這い回り、まさに生ける屍《しかばね》という状態で、全く惨《みじ》めでした。あれを地《じ》獄《ごく》と言わずして、ほかに地獄はないでしょう。口では言い表すことのできないことです。

不思議と、悲しいとか、苦しいとか感じることはできませんでした。友達の死体を見ても、何も感じなくなってしまっていたのです。それが当たり前の光景でしたし、神経が麻痺《まひ》していたのかもしれません。

――その後も悲しい別れがあったそうですね。

九死《きゅうし》に一生を得たものの、被爆して一カ月。死期を待つだけだった状態の私は、父が手に入れてきた漢方薬の驚異的な効《き》き目で、不思議と快方に向かいました。それも、原爆の悲惨な事実を訴《うった》えていく使命があったからでしょうか。

しかし、原爆投下直後、私を背負ってく

森本 正記さん

れた長姉は、まもなく原爆症で倒れ、一九四六年（昭和二十一年）の夏、帰らぬ人になりました。それから五年後の五一年、外傷もなかった次姉も原爆症で亡くなりました。

被爆した年の十一月、授業再開の知らせを受けて登校しました。でも気心が知れた同級生のあの顔も、この顔もない。千五百人近くいた城山《しろやま》国民学校の生徒で、この時集まったのは四十人ほど。私たちは稲佐《いなさ》国民学校の一室を借りて授業を受けました。そして一九四六年の春、私たちはたった十四人で卒業しました。本当はいるはずだった仲間がいない悲しみは、今なお忘れることができません。

被爆から二十三年後の一九六八年（昭和四十三年）、城山国民学校の同窓会が某テレビ局の企画で行われました。十四人いた同級生は九人になっていました。その後、亡くなる友人もいて、現在はほとんど残っていません。

——最後に、森本さんにとっての平和とは何でしょうか。

戦後七十五年がたち、私も八十七歳になりました。終戦後、結婚して子宝に恵まれました。今では孫もいます。あの時は感じることができなかった、家族と毎日を過ごせる喜びを感じています。平和とは、どこか遠くにあるものではないように思います。妻や子ども、そして孫たちとお互いに支え合って、成長できることが何よりの平和ではないでしょうか。これまで、前立腺《ぜんりつせん》がんや狭心《きょうしん》症《しょう》といった病《やまい》に直面してきましたが、それでも命ある限り、原爆の悲惨さは伝えていきたいと思います。それが、城山国民学校の同級生や私の姉のために私ができることだからです。

取材後記

私が小学生の頃、平和学習の一環で、祖母から戦時中の話を聞いたことがありました。祖母は、被爆しながらも命からがら生き延びたそうです。それから平和について考えるようになりました。

私が生まれた時から日本は平和で、戦争といってもどこか漠《ばく》然《ぜん》としていて、身近に感じることはできませんでした。しかし、自分なりに調べていくと、今なお紛争が勃発《ぼっぱつ》している国や、私と同世代の子どもたちが戦争後に残された地雷で命を落としていることを知りました。自分が知らないだけで、世界には悲しみや苦しみを抱えながら生きている人が大勢いると思うと、胸が締《し》め付けられました。

森本さんの被爆体験を伺い、まさに七十五年前、日本にも悲惨な歴史があったことを思うと、まずは知ることの大事さを改めて感じる機会になりました。「絶対に同じことを繰り返してはいけない」。真剣に語りかけてくれた森本さんの言葉の重みを受け止め、これからを生きていく私たちが平和を守っていかなければいけないと感じました。

私の夢は人を救い、社会を救い、そして世界を救う弁護士になることです。そして、笑顔に満ちた世界にしたいと思います。それこそが自分にできる、森本さんや祖母のように日本を支えてきてくれた人々への恩返しだと信じて――。

那須 健太郎さん

語り部として「平和」訴え続ける〝自分の心を大きくする大切さ〟

証言者 浦邊《うらべ》 弘子《ひろこ》 さん

インタビュアー 伊福《いふく》 友佳《ともか》 さん（中学二年生）

【証言者プロフィル】

一九三七年（昭和十二年）三月生まれ。八歳の時、爆心地から四・六キロの友人宅（長崎市出雲）で被爆した。半身不随の母親を介護しながら弟妹の面倒を見るため、ほとんど学校には通えなかった。二〇一五年（平成二十七年）、長崎県被爆者手帳友の会の会長から依頼があり、同年三月、高校生1万人署名活動実行委員会の代表らと共に、韓国を訪問。語り部としての活動に尽力してきた。八十三歳。長崎市大崎町在住。

――原爆が投下された日の様子、また忘れられない光景を教えてください。

私は国民学校の三年生でした。自宅にはおらず、近所の友達の家の二階で、十人ほどで、折り紙やかるた取りで遊んでいた時でした。空襲警報が解除になった後だったから、みんな防空壕《ごう》にはいませんでした。

突然、部屋の中を、鋭い閃光《せんこう》が通り抜けました。それは、何とも言えない光――クリーム色、青色、いろんな色が混ざり合った――でした。次の瞬間、「ズドーン！」という、耳をつんざく、轟音《ごうおん》がして、地震のような激しい揺れが続きました。

自宅に逃げ帰ると、五軒長屋《ながや》の家は爆風で傾き、台所の窓ガラスは全て割れていました。家には、母、当時三歳七カ月の弟、生後一カ月の妹がいましたが、幸い、けがはありませんでした。「また爆弾が落ちるかもしれない」という恐怖に駆られた私は、泣きながら「逃げよう」と母に言いました。産後の肥立《ひだ》ちが悪かった母は、「死ぬ時は赤ちゃんと一緒に死ぬ」と言って聞きません。仕方なく、食料不足が原因で栄養失調の弟をおぶって、鍋冠山《なべかんむりやま》のふもとの防空壕に逃げ込みました。その夜、防空壕から外へ出てみると、原爆が落ちた浦上《うらかみ》方面の空が赤黒く燃えていました。亡くなった人を焼く火だったかは分かりませんが、夕焼けよりも濃く、まるで生き物がもだえ苦しむように揺らめく、異様な炎でした。七十五年たった今でも、心に深く焼き付いています。

――戦後の生活はどうだったのですか？

戦争が終わり、B－29が来る恐怖が少しずつ薄れて、子ども心にほっとしました。爆撃機が飛来するたび、防空壕に走って逃げて、もう恐怖しかありませんでしたから。

そして父が復員してきました。〝これで家族一緒に生活できる〟と思ったのも束《つか》の間、小学五年生の時、母親が脳溢血《のういっけつ》で倒れ、半身不随《ふずい》となりました。その後、

爆風により半壊した家屋(竹ノ久保町付近)

母は四人目の子どもを産みました。ところが、生まれてきた赤ちゃんは四日で血を吐きながら死んでいきました。被爆の影響を受けていたのだと思います。私は被爆の後遺症はありませんでしたが、満足な食べ物も着る服もなく、今のように各家庭にお風呂もありません。人間らしい生活はできませんでした。

何より嫌《いや》な記憶は、シラミ。頭から体中に湧《わ》いていました。銭湯で体はきれいになるけど、服にはシラミをもらって帰ってくる。もうかゆくて、痛くて。

母が脳溢血で倒れてからは、もっと大変でした。小さい妹をおんぶして学校に行きましたが、母の介護でそれも難《むずか》しくなり、学校を休むことが多くなりました。勉強は全くできませんでした。

私が二十五歳の時、病《やまい》を繰り返していた母が他界しました。言葉を選ばずに話せば、「母が病気でなければ、私がこんな苦労をしなくてもいいのに」と恨《うら》む気持ちが自分の中にありました。その葛藤《かっとう》を乗り越え、相手のことを心から思いやって接する自分に変わることができた時、母はそれを待ってくれていたかのように、目に涙を浮かべて息を引き取ったんです。相手を思いやる心——これが平和への一歩なのかもしれません。今では、大切なことに気付かせてくれた母に感謝しています。

——韓国で被爆体験を語ったと聞きました。その時のことを教えてください。

浦邊 弘子さん

長崎県被爆者手帳友の会の会長から話があったのは突然で、思いがけないことでした。私は、自《みずか》らの被爆体験を家族にさえ語ったことはありませんでした。でも、この話を頂いたことが、被爆体験の語り部《べ》としての活動を始める〝きっかけ〟になりました。体験を語ってみて、韓国でも、原爆の後遺症で苦しむ被爆者が多くいることを改めて知り、さらに核廃絶の誓いを固めました。

この時、感じたのは、被爆者の思いを受け継いでいってもらうには、若い世代の人に、核兵器の恐ろしさを知ってもらうしかないということです。そのために私自身、命が続く限り、語っていかなければならないと強く思います。

今振り返って、〝もっと早くに語り部としての活動を始めていればよかった〞とも感じています。私も八十歳を超えました。正直、あと何年生きられるか分かりませんが、後継の世代の皆さんに、語り継いでいってもらうしかないですね。

――浦邊さんにとって平和とは何ですか？

試練や苦難に直面した時、人間は無慈悲《むじひ》になったり、自己中心的になったりすることがあります。かつて、私自身も自分さえ幸せになれれば良いとしか考えられない時がありました。しかし、常に心にゆとり、余裕を持つことが人生には大切なように思います。自分が心の底から相手を思う慈悲の心に変わった時に、相手が変わるし、環境だって変えていける。「平和」とは、まず自分の心を大きくすること、そして他人を思いやることだと思います。

核兵器は、持つことも、使用することも、人間として恥ずべきことだ、という思想を広めていかねばなりません。あの苦しさやつらさを、もう二度と、誰にも味わわせてはならない。

私自身も、〝平和の「長崎の鐘《かね》」〟を、被爆者手帳友の会の仲間と共に鳴らし続けていきます。

戦争も核兵器もない世界を築いて、全世界の人々が幸福の人生を切り開いていってほしい。戦争と核兵器の悲惨さを身に染みて知るからこそ、切に願います。その実現のために、私も生涯、行動し抜いていく決心です。

取材後記

被爆体験は、これまで学校の平和学習などで何度か聞くことがありましたが、実際に対面して体験を聞くのは今回が初めてでした。当時の様子を詳しく伺い、とても貴重な機会となりました。

私が一番印象に残ったことは、「自分の幸せだけでなく、世界中の人の幸せを願う」という浦邊さんの思いです。しかし、そのように心の底から思えるようになるまでに、いろんな葛藤《かっとう》や悩みがあったとも聞きました。ご自身も被爆して、当たり前だった日常を奪《うば》われたのに加えて、学校にもまともに通えず、友人と遊びにも行けず、母の介護や弟妹のお世話など――もし、私が浦邊さんの立場であれば、同じような行動ができたのか、そして同じように他人を思いやる気持ちを抱《いだ》けるのかと考えさせられました。

伊福 友佳さん

浦邊さんが口にされた「感謝」との言葉の重みを、直接、話を聞いたからこそ実感することができました。

浦邊さんの思いが世界の全ての人の心にあれば、戦争のない平和な世界をつくっていけると思いました。私も、自分のことだけ考えて行動するのではなく、周りの人のことを思って行動ができるようになりたいです。そして、もっと平和な世界になるように、平和な世界がずっと続くように——私自身の力は小さいかもしれませんが、平和に貢献できる人に成長していきたいです。

妹の青春を奪った原爆
〝何年も、何年も、苦しみは続く〟

証言者　髙《たか》村《むら》　剛《たけし》さん

インタビュアー　吉《よし》田《だ》　祥《しょう》大《た》さん（中学二年生）

【証言者プロフィル】

一九三四年（昭和九年）九月生まれ。十歳の時、爆心地から約二キロの現在の西浦上駅付近で被爆。弟や妹も被爆した。妹は顔面への重度のやけどで苦しむ。さらに三年後、母は病で他界。祖母に引き取られる。家計を助けるため、残されたきょうだいの面倒を見ながら働いた。被爆の後遺症はなかったが、貧しい生活を長年、よぎなくされた。地域に尽くし、十二年間、自治会で役員を務めた。八十六歳。長崎市音無町在住。

――原爆が投下された日の様子を聞かせてください。

当時、十歳だった私は、「木の実鉄砲」を作ろうと、自宅のそばにあった木によじ登り、木の実を取って遊んでいました。木の下には、二つ下の弟と、近所の友達が、私が落とした木の実を拾い集めていました。

「お、あの木の実は使えるぞ！」とてっぺん近くまで登った時、上空にB－29の機《き》影《えい》が見えました。私はすぐさま下にいる弟たちに向かって、「敵機が来た！　逃げろ！」と叫んだ瞬間、あたり一面、目がくらむほど真っ白に光ったのです。

その直後、とてつもない突風が吹き荒れました。木から

爆心地近くに残った立木（平野町付近）

手が離れたところまでは覚えているのですが、その後の記憶はありません。どれほどたったでしょうか。目を覚ました時、自分の体は、水を張った田んぼの中に沈みこんでいました。左腕に激痛が走り、はっきりと意識が戻ると、木から二十メートルほど吹き飛ばされていました。私は左肘《ひじ》を脱臼《だっきゅう》しましたが、田んぼに落ちたのが幸いして、大事には至りませんでした。弟たちも、木の陰《かげ》にいたので無事でした。

「命が助かって良かったねえ」と話しながら自宅へ。しかし、私の自宅は、現在の西浦上《にしうらかみ》駅の近くで、爆心から約二キロの所にあり、爆風で大きく傾いていました。「これじゃあ家の中には入れない」。そう思い、母や妹の姿もなかったので、弟たちと一緒に急いで防空壕《ごう》へ避難しました。

赤黒くやけどした人や、けが人でひしめく防空壕。その中で、母と六歳の妹の姿を見つけました。しかし、思わず目をそむけたくなるほど、妹は顔中に大やけどを負っていたのです。妹と一緒に外で遊んでいた子たちは、その場で半数が亡くなりました。母は原爆が落ちた時、爆心地から少し離れた長与町《ながよちょう》の親戚の元へ行っており、被害は少なく済んでいました。すぐにこちらに駆け付け、妹につきっきりで手当てをしているところでした。

それから私たちは、父の親戚がいる時津町《とぎつちょう》へ向かうことに。六キロほどの道のりを歩いて出かけました。バスの「ブロロロロ」という音が、爆撃のトラウマを呼び起こし、道路脇で横切るたびに、恐ろしさが込み上げたのを覚えています。

道中で、爆心地付近から歩いて来た人の話を聞くと、浦上川には、水面に顔をつけたままの遺体が折り重なるように、川岸を埋め尽くしているとのことでした。ただでさえ猛暑日。それに加えてのすさまじい熱線……水を求めて川に行ったのでしょう。後に聞いた話では、この川の水を飲んだ人も亡くなったようです。私も喉《のど》はカラカラでしたが、川に近づくことはありませんでした。しかし、その方たちを思うと、本当に胸が苦しくなります。

――一番つらい思いをされたのはどんなことですか？

想像もできないほどの惨状《さんじょう》を前に、自分の身を守ることに必死で、被爆後の街並みや人々のことは、もうほとんど記憶が飛んでしまっています。

それでも、妹のことは鮮明に覚えていて、私の日課は、一キロほど離れた山のふもとから出る湧《わ》き水を一升びんで汲《く》みに行っては、その水で妹の顔をひたしてあげることでした。まだ幼い妹が、気の毒でたまりませんでした。水をひたすと痛みが少し和《やわ》らぐのか、気持ちよさそうにしていました。鉄分の入った水で、いい薬になると聞いていました。

その後、妹は長崎市内の病院にも通い、治療の甲斐《かい》あって、次第に傷は治っていきました。けれど、原爆によるケロイドで顔が引きつって見えました。年頃になるにつれ、妹はいわれのないひどい言葉を浴びせられ、とてもつらい思いをしました。毎日、泣きながら帰ってくるのです。顔だけでなく心にまで傷を負わせ、妹の青春を奪《うば》った原爆が憎くてたまりません。

――終戦後は、どういった生活を送られましたか？

終戦を迎え、やがて学校も再開しましたが、仲の良かった同級生の姿はありませんでした。中でも、西町《にしまち》や油木町《あぶらぎまち》などに住んでいた、多くの友達が亡くなりました。少し前まで一緒に遊んでいたのに、もう会えない。しばらく信じられませんでした。中学に進んでも、原爆で破壊され、黒焦《こ》げた校舎は、手つかずのままで、使える教室で勉強しました。

終戦から三年後、さらなる悲劇が襲《おそ》いました。日々の生活や妹の看病に尽くした心労と、被爆の影響もあったのか、母が病《やまい》に倒れ、四十歳の若さで亡くなったのです。私たちきょうだいは、戦前に不慮《ふりょ》の事故で、父を亡くしていました。食べるのも必死の毎日。終戦後の追い打ちをかけるような状況に、私たちは本当に路頭に迷いました。〝こんなことってあるんか〟と……。けれど、見かねた父方の祖母が私たちを引き取ってくれて、中学生の私をはじめ、弟と妹の三人を育ててくれました。畑仕事を手伝いながら、何とか食いつないでいきました。

原爆は、投下された一瞬の被害では終わりません。生き延びても、その後、何年も何年も人を苦しめていく。「そんな兵器が世の中にあってはならん」と、心の底から思います。

――被爆体験を話すことはありましたか？

これまで被爆体験を話す機会は、あまりありませんでした。私は、被爆後すぐに時津方面に向かったので、長崎市内の悲惨な様子は直接あまり見ていません。自分から話そうともしませんでした。

一昨年（二〇一八年）に声をかけてもらい、人々の前で被爆体験を語らせてもらいました。多くの方から励ましと反戦への決意の声を頂きました。終戦から七十五年となり、体験を語る人も少なくなりました。だからこそ私は私なりに、語り継いでいきたい。偶然にも助かった自分の使命を、深く実感いたしました。むごたらしい原爆を体験した人間として、これから未来にわたって、戦争や原爆の苦しみを誰一人として味わわせてはいけない。生命が最優先される平和な社会を、と強く願います。そして、核兵器をなくす行動を、残された世代の若い皆さんに受け継いでもらいたい。

髙村 剛さん

――髙村さんにとって、平和とは？

一言でいうと、「苦難に負けない」ということでしょうか。核兵器以外にも、世界にはいろんな問題があります。環境問題や感染症の問題など、時代によっても変わってくるでしょう。それらに向き合って皆で助け合い、支え合って、逆境に打ち勝ってほしいと思います。苦難に負けさえしなければ、必ず希望は出てきます。そこに平和は生まれると信じています。

取材後記

被爆された方の話を、こうやって直接、伺うのは初めての体験でした。最初は、すごく緊張しながらのインタビューでした。だけど、今回、話してくださった髙村さんが優しく僕に話し掛けてくださったので、緊張は徐々に解けていきました。「いい質問をしてくれてありがとう」と言われた時はうれしかったです。学校の平和学習より、いろんなことを詳しく知ることができました。また、戦争や核兵器の問題をより身近に感じることができました。本当に良い経験をさせていただきました。

髙村さんは被爆した時に木から落ちて、偶然にも田んぼがあったので命が助かりました。爆心地から二キロ以内でも、髙村さんのように助かった人がいたことは驚《おどろ》きでした。だけど妹さんは重症を負ってしまいました。話を聞いていて、本当にかわいそうで胸が締《し》め付けられました。そのやけどの傷で何年

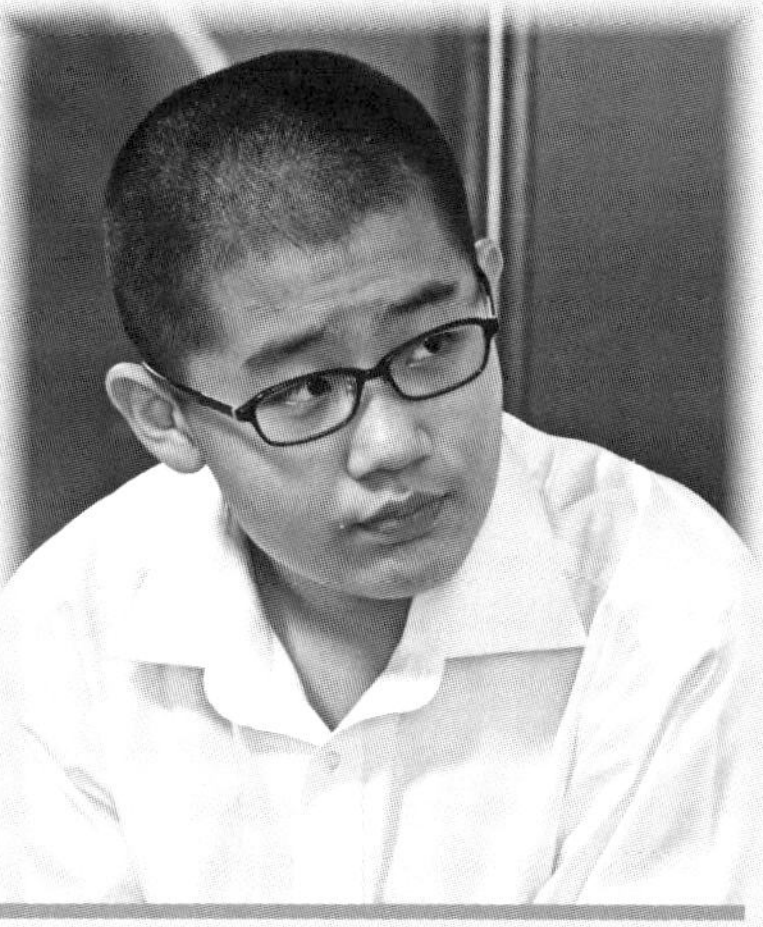

吉田 祥大さん

たっても差別を受けることになるとは……。原爆は人の心まで壊していくのだと思い知りました。

僕と同じ年頃で、髙村さんは両親を亡くされています。きょうだいを養《やしな》うために若くして働きに出ていかれました。今の僕にはその大変さが想像もできません。僕には無理だなと思ってしまいます。その中で懸命《けんめい》に生き抜かれた髙村さんら、被爆者の平和への願いを僕たちが無駄にしてはいけないと強く思いました。悲惨な戦争を絶対に起こさせない。原爆を二度と使わせない。その決意を持って、僕も未来を生き抜いていきます。

〝原爆のせいかも〟と思わずにいられない

証言者　松本《まつもと》 初美《はつみ》さん

インタビュアー　近藤《こんどう》 美穂《みほ》さん（高校三年生）

【証言者プロフィル】

一九四六年（昭和二十一年）三月生まれ。父は爆心地から一・八キロ、勤務先の兵器工場（住吉トンネル工場）で被爆。母は爆心地から三キロの夫婦川町で被爆。母のお腹には松本さんの命が宿っていた。無事に生まれたものの、幼い頃から病弱でいつも病院通いだった。小学生の時には半年に一度、原爆傷害調査委員会（ＡＢＣＣ）から検査を受けていた。現在も数々の病と闘い続けている。七十四歳。長崎市千歳町在住。

——胎内《たいない》で被爆されたとお聞きしました。

一九四五年（昭和二十年）八月九日、爆心地から三キロの夫婦川町《ふうふがわまち》で被爆した母は、妊娠三カ月でした。母はこの時、自分が妊娠していたことを知りませんでした。何とか助かった母は、翌年、私を産みました。

私は生まれながらにして病弱でした。胎内で被爆した人の宿命はとても暗いものです。お母さんのお腹《なか》の中で死んでいった人、体のどこかに障がいを持って生まれた人、そして、私のように、外見は健康そうに見えるのに、いろいろな症状を訴《うった》える人。皆、実にさまざまな苦しみを抱《いだ》いています。

出産後、母は脚気《かっけ》にかかり、授乳ができなくなってしまいました。お乳が飲めなくなった私も小児脚気になってしまいました。その時代は食糧事情がとても悪く、一週間に一度、お芋やかぼちゃ、麦の粉などしか配給されなかったのです。それだけでは量が足りず、母の着物は全て原爆で焼けてしまったので、祖母の着物を手放しては食いつないでいました。

小さい頃の私は、風邪を引きやすく、よく高熱を出していたそうです。生後三カ月頃から頭におできができて、丸刈りにされていたので、よく男の子と間違われました。一歳の時、ジフテリアにかかりました。「血清《けっせい》を注射しないと死ぬ」と言われ、やっとの思いで血清を手に入れ、一命を取り留めました。

一番の悩みは、とにかく皮膚《ひふ》が弱いことでした。虫に刺されるだけですぐに化膿《かのう》して〝うみ〟が出ました。小学生になっても症状は変わらず、いつも腕や足に白い包帯を巻いていました。だから私は、虫に刺される夏が嫌《きら》いです。大人になっても、しばらくはハンドバッグに「虫さされ」の薬を入れていました。

――当時の暮らしで、印象に残っている出来事はありますか？

小学校に入学後、胎内被爆者と認定されました。それから、ＡＢＣＣ（原爆傷害調査委員会）から呼び出され、半年に一度、検査を受けるようになりました。どういう理由で私が選ばれたのか分かりませんが、小学校を卒業するまで、検

松山町交差点付近の食料配給風景

査は続きました。

検査の日になると、黒塗りの乗用車が、学校まで迎えに来ました。その日は、先生から授業を受けないでいいと言われ、友達に見送られながら出かけました。車の座席はフカフカで、まるでお金持ちのお嬢さまになった気分でした。でも、薄暗い建物に入り、消毒のにおいを嗅《か》いだりするのは、あまり気持ちの良いものではありませんでした。検査が終わると、ちり紙に包んだお菓子をもらいました。当時では珍しいクッキーでした。弟や妹たちと一個ずつ分けながら、大事に食べたものです。誰も洋菓子を食べたことなどなかったので、あまりのおいしさに大喜びでした。でも今思えば、検査の結果は一度も知らされることはありませんでした。

――その後、体調はどうだったのですか？

いくつもの病気にかかりました。四十三歳の時、病院に勤めていましたが、朝、目が覚めると、手足に力が入らず、起き上がれなくなってしまいました。微熱もあったので、医者に診《み》てもらいましたが、原因は分からないと言われました。症状は治まらず、私は〝難病では？〟と医者に聞きましたが、〝それは違う〟と。結局、病名が分からないまま、五カ月間も入院したんです。

あと六十八歳の時、だんだん字が書けなくなって、手の震《ふる》えも出てきて。パソコンのキーボードが打てなくなりました。〝マウスが壊れてしまった〟と思ったら、自分の指に力が入らなくなっていたんです。診断の結果はパーキンソン病でした。

その翌年、今度は拡張型心筋症《しんきんしょう》になりました。いつものように外を歩いていたら、あまりに息苦しくて。レントゲンを撮ったら肺が真っ白でした。かかりつけの病院から原爆病院を紹介され、即入院。驚《おどろ》いたのは慢性心不全《まんせいしんふぜん》だったことです。確かに毎年の健康診断では、心電図で要注意となっていましたが、まさか、慢性のほうだとは思いもしませんでした。

立て続けに、二つの難病（厚生労働省の指定難病）を発症してしまいました。しかも、それでは終わらず、七十一歳の時に、脊椎《せきつい》変性側弯症《そくわんしょう》になりました。だんだん背骨が曲がっていく病気です。背骨を真っすぐにするために、何度か手術をして、今、背骨を金属で留めています。

生まれた時から、病気のオンパレードですね。でも、原爆の影響かどうか、はっきりと言われたことは一度もありません。ただ、体調が悪くなるたび、〝原爆のせいかも〟と思わずにはいられないのです。

——最後に、松本さんにとっての平和とは？

母は毎年、暑い夏が来ると、私にこう言いました。「あん時、死んどったかもしれんとに、よう生き延びられたね」。夫婦川町で被爆した母は、実家がある銭《ぜん》座《ざ》町《まち》へ向かう途中、無数の死体を見たと言っていました。倒れている人から〝助けて〟と足をつかまれた時は、震え上がり、助けるどころか逃げてしまったそうです。

八月九日、その日のこともそうですし、その後、放射線を浴びた被爆者が、いつ命を脅《おびや》かす病《やまい》にかかるか分からない、ということもそうです。今年も何とか生き延びることができた……。母の言葉には、そんな思いが込められていたのでしょうか。

二十歳を過ぎた頃、ある人からこう言われたことがありました。「被爆者だからいつ発症するか分からない。生まれてくる子どもにも影響がある。そんな人と結婚したら苦労の種だ」

松本 初美さん

成長するにつれて、原爆のことを遠いものと感じるようになっていましたが、その日以来、原爆の後遺症の不安がずっと、つきまとうようになりました。この重い心は生涯、消えることはないと思います。被爆者の〝宿命〟なのでしょう。今、長崎の町には、被爆三世の世代にあたる子どもたちの元気な声が響《ひび》いています。健康が一番だとつくづく思います。皆が健康で丈夫で過ごせる日々。これが私にとっての平和です。どう考えたって、戦争は何一つ良いことなんてないです。ボタン一つで、人々の命や健康、未来を奪《うば》ってしまう兵器があっていいはずがありません。そのために、私は被爆体験を語り続けていきます。それが被爆者の〝使命〟だと決めて——。

取材後記

毎年八月九日に行われる学校の集会で被爆体験を聞いてきましたが、胎内で被爆された話を聞いたのは生まれて初めてでした。

お腹《なか》の中にいても、直接被爆された人と同じように、体に異常が出ることを知り、改めて、原爆、放射線の恐ろしさを知りました。蚊に刺されただけで化膿《かのう》して、なかなか治らないなんて今では考えにくいことです。わずかな傷におびえながら何十年も暮らし、今も闘病中の松本さんの苦悩を思うと胸が締《し》め付けられます。

何の罪もない人たちの人生をめちゃくちゃにしてしまう原爆が憎くて仕方ありません。正直、被爆者でない私が、松本さんから聞いた話をどこまで伝えることができるのだろう、という思いがあります。実は取材後、友達に被爆証言を聞いた話をし

近藤 美穂さん

ました。彼女自身、これまで胎内被爆の体験を聞いたことがなかったらしく、ショックを隠せない様子でした。松本さんの痛みや苦しみを自分なりに感じ取ろうとする友達の姿を見て、話を直接聞いたかどうかよりも、受け止める側の心のほうが大切なのだと気付かされました。

私は今回、松本さんから〝語り手〟のバトンを託されたのだと受け止めました。松本さんと一緒に語り合ったことを——共通の趣味の話で大笑いしたことも含めて——私なりに、ありのまま感じたことを後世に語っていこうと思います。

父から娘へ被爆体験を継承
〝原爆は過去ではなく現実にあるもの〟

証言者
木《き》村《むら》光《みつ》盛《もり》さん
木《き》村《むら》靖《やす》子《こ》さん
インタビュアー 永《なが》田《た》未《み》空《そら》さん（中学二年生）

【証言者プロフィール】

［光盛さん］一九三五年（昭和十年）七月生まれ。十歳の時、爆心地から一・三キロの家野町（現若葉町）の自宅で被爆。この日、二歳下の妹が崩れてきた家の梁の下敷きになって命を落とし、生後二カ月の弟も原爆症で亡くなった。光盛さん自身も被爆の影響により、長らく貧血などの症状に悩まされた。八十五歳。長崎市城山台在住。

［靖子さん］一九六四年（昭和三十九年）一月生まれ。光盛さんの長女。十歳の時、父から被爆体験の話を聞き、被爆二世としての使命感が芽生えた。学生時代から平和活動に取り組み、現在、中学校教員として勤務。五十六歳。長崎市城山台在住。

――原爆が投下された当時の状況や、体験されたことを聞かせてください。

光盛さん　山里国民学校四年生で十歳だった私は、母が営《いとな》んでいた食堂のホールで、友達と一緒に勉強をしていました。当時は、警戒警報がよく発令されていて、学校に行けなかったので、自宅でもある食堂に集まって自習することが多かったんです。あの日も皆と勉強していたら、突然、ドーンとすさまじい音がして、その直後にピカッと青い光が広がっていきました。私はびっくりして、母がいる厨房《ちゅうぼう》まで無我夢中《むがむちゅう》で走りましたが、建物が崩《くず》れ、気が付けば大きな食器棚の下敷きになっていました。きっと爆弾が家に直撃したんだろうと思いつつ、何とか抜け出して外に出たら、あたり一面が火の海に。何が起こったのか全く理解できませんでした。母は何とか無事でしたが、家にいた父は大けがを負い、弟や妹たち四人のうち、一歳下の妹と私の友達は即死。また、その後、まだ生後二カ月だった弟も、原爆症により、この年の十月に亡くなりました。

――特に忘れることができない出来事や光景はありますか？

光盛さん　二歳下の妹は、私が厨房に向かって走っていた時、すぐ後ろをついてきていたんです。あの時の「兄ちゃん、待って」とのすがるような声が今も耳から離れません。悲しくてたまらなくて、思い返すたびに涙が出ます。

外に出てからも、悲惨な光景を目《ま》の当たりにしました。自宅の裏にある川には、「水、水くれ」と言いながら人が次々と集まり、川の水をがぶがぶ飲んでいました。大やけどを負うと、のどが渇くそうですから。そして、次第に動かなくなるんです。ふと見渡すと、多くの人がずらっと川に並んで、川面《かわも》に顔を突っ込んだまま、亡くなっていました。また、今の中学生くらいの女の子でしょうか。着ている服が全部燃え、全身やけどの状態で、「お母さん、お母さん」と苦しそうな声で泣いていました。焦土《しょうど》と化した街を歩くと、電信柱の電線に髪の毛がからまった女性の首がぶら下がっていたり、道端には人をはじめ、飼われていた牛や馬の死体がゴロゴロ転がっていて、あれこそが本当の地獄絵図《じごくえず》なのだと体感しました。

　それからは、死体を見ても何も感じなくなりました。もはや感覚が完全に麻痺《まひ》していたんでしょうね。また、あの時の強烈な死臭《ししゅう》が体に染み付いてしまい、二年ほど、においが消えませんでした。

――靖子さんが、光盛さんから被爆体験の話を聞いたのはいつですか？

靖子さん　父から初めて話を聞いたのは、小学四年生の夏休みの時ですね。父の被爆体験については、ずっと前から興味があったので、これまでに何度も父に聞こ

上空から見た浦上川（中央に見えるのが梁川橋）

うとしたのですが、なぜか全然教えてくれませんでした。

ところが、小四の夏休みの時、確か地図帳を開いて見ていたら、父がやって来て、被爆体験を語ってくれたんです。今思えば、当時の私は十歳で、父が被爆した時と同じ年齢になります。もしかして、私が十歳になるまで、話をするのを待ってくれていたのかもしれません。

初めて父から被爆体験の話を聞いた時、幼いながらも原爆の悲惨さを心に深く刻《きざ》み込みました。その時に被爆二世としての使命感が芽生《めば》えたのだと思います。うちの家族は当時、大阪で暮らしていて、学校の先生から「木村さんは被爆二世でしょ？　何か詳しい話を知っていたら教えて」と聞かれたこともありました。その時、私は父の話を一生懸命《けんめい》に伝えました。中学時代から長崎で過ごしたのですが、クラスの友人と一緒に原爆資料館を訪れた人にインタビューし、その内容を学校で発表したり、小冊子にまとめたりしました。大学生になると、女性有志でつくる団体の一員として、大学祭で反戦・反核の展示や平和セミナーの開催などに積極的に取り組んできました。現在、中学校で教員を務めており、子どもたちへの平和学習に力を入れています。

――被爆体験の継承について、お二人はどうお考えですか？

光盛さん　これまで、被爆体験については正直なところ、語りたくなかったんです。あの時の話をすると、どうしても思い出して泣いてしまうから。でも、時がたつにつれ被爆者がいなくなってきているのは間違いないし、今だからこそ、きちんと話しておく必要があると思うようになりました。原爆の恐ろしさや戦争の悲惨さは、体験した者が語ってこそ、相手の心に深く刺さり、そして残るでしょうから。私も忘れてしまわないよう、思い出したこ

木村 光盛さん

とをメモに書き綴《つづ》っています。

靖子さん　父から何度も被爆体験の話を聞いてきましたが、実は今日初めて聞いた内容もあります。聞くたびごとに新しい話が出てくるというか。だから、被爆体験を一度聞いておしまいにするのではなく、何度も聞くことが被爆の実《じっ》相《そう》を知る上で大事だと思います。

それに、被爆者にとって原爆は過去のものではなく、今も現実としてあるものです。悲しみはずっと続いているということを、被爆を経験していない私たちがよく理解し、語っていかないといけません。その思いに立ち、これから父と二人三脚で被爆体験を多くの若い人たちに伝えていきたいと決意しています。

――お二人にとって、平和とは何ですか？

靖子さん　私は、当たり前のことを当たり前にできる環境であると思います。何事もなく生活できていても、いざ戦争が起こると、状況は一変します。戦争で一番悲しい思いをするのは、何の罪もない子どもたちであり、私たちのような庶民です。大切なのは、平和や戦争という問題について、「自分事」として捉《とら》え、自分にできることからやっていくことだと考えています。そして、他人に対して自分や家族のように大切に思いながら、接していくことです。そうした心を皆が持つようになれば、恒久平和は必ず実現すると確信しています。

光盛さん　人間が人間らしく生きることができ、また、皆が楽しく生きることができる社会だと思います。そうした社会を完膚《かんぷ》なきまでに破壊し、多くの人間の命を奪《うば》い取ったのが、原爆です。思い出すたびに涙が出る、あの七十五年前の悲惨な出来事を二度と繰り返さないためにも、核兵器というものは絶対にこの世からなくしていかないといけません。

木村 靖子さん

取材後記

木村光盛さん、靖子さん親子から被爆体験などを聞く機会を頂き、最初は少し緊張していましたが、お二人と話すうちに心が落ち着いてきて、質問をきちんとすることができました。

よく原爆の話の時、ピカッと光った後にドンという音がして、火の海になったと聞きますが、光盛さんの話では、ドンという音が先で、ピカッと光ったのが後だったそうです。そして見た光景が、電線に髪の毛が巻き付いた状態で生首がぶら下がっていたり、水を求めて川に顔を突っ込んだまま亡くなっている人がたくさんいたり……。たった一発の原子爆弾で一瞬にして変わり果ててしまったと。私も話を聞いていて、本当に恐ろしく思いました。

光盛さんはこの時のショックで、普通は怖いと思うものなどに対し、感覚が麻痺《まひ》して何も感じなくなったそうです。話の最

永田 未空さん

後のほうで、「当たり前の生活ができるのは幸せだな」と言われていたのが、とても印象に残っています。
今回、被爆者の方から直《じか》に話を聞くことができて本当に良かったです。つらい体験を思い出しながら話すことがどんなに大変か……。時折、涙を流しながら懸命《けんめい》に語っていただいたことに深く感謝しています。

これからもずっと平和であり続けるために、しっかり学び、周りの人を大切にすることを心掛け、そして光盛さんの被爆体験や戦争の悲惨さを後世に伝えていけるよう、頑張っていきます。

被爆二世の使命に生きる。強き母の姿が背中を押してくれる

証言者　平野《ひらの》 大壽《だいとし》 さん

インタビュアー　梅野《うめの》 正《ただし》 さん
（中学三年生）

【証言者プロフィル】
一九四八年（昭和二十三年）八月生まれ。母は爆心地から一・五キロの銭座町で被爆。幼い頃から、原爆の後遺症に悩まされる母の姿を見て育った。次第に平和運動に取り組む思いを強くした。成人して反戦出版の発刊に携わり、六巻を上梓。現在は、「平和案内人四期生」として、同じく三期生の妻と被爆の実相を語り継ぐ活動をしている。七十二歳。長崎市平戸小屋町在住。

――お母さんはどのように被爆されたのでしょうか。

その日、母は疎開《そかい》の準備をするため実家のある銭座町《ぜんざまち》にいたそうです。当時、二十七歳。父は、徴兵《ちょうへい》で千葉に赴《おもむ》いていました。平戸小屋《ひらどごや》の自宅には、二人の息子（私の兄）を残していました。時計の針が十一時を指す直前、母は実家の近所にいる叔母《おば》（私の大叔母）を訪ねていました。戸を開けてほどなくした瞬間に原爆が炸裂《さくれつ》。爆心地から一・五キロでした。

瓦礫《がれき》からやっとの思いで幼い（母の）従弟《いとこ》を救い出すと、無意識で近くの山に急ぎました。母には幸い、傷一つなかったのですが、叔母はいまだ

爆発の時刻を示したまま止まった柱時計

行方不明。火に覆《おお》われた地獄絵図《じごくえず》のような街並み、水を求めてさまよう幽霊のような人々の姿を目《ま》の当たりにし、呆然《ぼうぜん》としたそうです。何より、二人の息子の安否《あんぴ》が気がかりで、眠れない一夜を過ごしたと言います。

翌日、母はガラスが足の裏に刺さる痛みを気にも留めず、自宅へと向かいました。そして、目に飛び込んできたのは、無邪気に遊ぶ息子の姿。母はただただ泣きながら抱きしめたそうです。しかし安心したのも束《つか》の間、母の体に異変が起きました。直径三センチほどの真っ赤な吹き出物が全身にでき、夏にもかかわらず寒気《さむけ》が。一時は死ぬかもしれないと思ったと言います。幸い、二、三日後には治ったそうです。終戦から三年がたち、私は誕生しました。

——小さい頃の忘れられない思い出はありますか。

私が小学四、五年生だった頃、学校から帰ると、母が洗面器を抱えて吐血《とけつ》していました。その姿を目の当たりにした時、今にも母が死んでしまうのではないかと恐怖を感じたのを覚えています。その後母は、年を重ねるにつれて、体が衰弱《すいじゃく》し、黄疸《おうだん》がどんどん現れてきました。

　病院を受診すると、被爆による肝臓疾患《しっかん》、白血球欠乏症《けつぼうしょう》という、いわゆる原爆症の宣告を受けたのです。医者からは、「一年と持たない命です」と。その時十七歳だった私は、母の体をむしばむ原爆に対する怒りを抑えることができませんでした。私には病床《びょうしょう》に伏《ふ》す母の無事を、ただただ願うことしかできませんでしたが、母の生きる力はすさまじく、半年ほどで退院を果たしました。母の生きざまは、私を平和運動へと駆り立ててくれました。

――これまでどのような運動に携《たずさ》わってこられたのですか。

　一九七三年（昭和四十八年）、私は有志と共に被爆証言集の発刊作業を始めました。当時、メンバーのほとんどが戦争を知らない世代で、本など作ったことがない全くの素人《しろうと》。また、被爆者の中には、「あの悲惨な被爆体験をいつか書き留めておきたいと思っていた矢先だったので」と引き受けてくれる人もいましたが、「あの日のことは二度と思い出したくない」と固く口を閉ざされる方もいました。私自身も正直、悩みました。しかし、後世へと被爆の実相《じっそう》を残すためには、被爆者に語っていただくほかないと思い、誠心誠意で制作の意義を伝えていく中、引き受けてくれたのです。

一年後の一九七四年（昭和四十九年）、一巻目となる『ピース・フロム・ナガサキ』を上梓《じょうし》しました。その後も、『長崎が死んだ日』（七五年）、『ナガサキを語り継ぐ』『焦熱《しょうねつ》のナガサキ８月９日』（七六年）、『ナガサキからの祈り』（七七年）、『軍港に降る炎』（七八年）と五冊を出版することができました。また、一九八二年（昭和五十七年）には、アメリカのニューヨーク国連本部で開催された「現代世界の核の脅威《きょうい》」展に出席しました。被爆地・長崎から世界に向けて、核兵器廃絶を訴《うった》えていく大切さを学んだ大きな機会にもなりました。市政・国政の仕事にも従事し、さまざまな平和提言を行うこともできました。

現在は、長崎の被爆遺構をめぐる「平和案内人」として活動しています。まだ不慣れですが、外国人向けに、英語で案内することもあります。タジタジになることもありますが、こちらが必死なら、相手に思いは伝わるものです。平和を求める心には国境も垣根《かきね》もないと感じます。

――平野さんにとって、平和とは何ですか。

平野 大壽さん

忘れられない母の言葉があります。「飛行機のエンジン音を聞いたらパニックになる。夢にも出て、飛び起きることがある」「死んだらどんなに楽になるか、橋から身を投じたら、と思うことが何度もあった」と。もしかしたら、母が被爆者でなければ私も平和運動をやっていなかったかもしれません。

中には、私と同じ被爆二世の方でも、そのことを隠している人や行動に移せない人もいます。

もちろん、平和を築く取り組みは人それぞれのあり方があるので、いろんな人がいていいと思います。ただ、なぜ日本が戦争をして、第二次世界大戦が勃《ぼっ》発《ぱっ》したのか、その歴史を学べば、日本だけが被害者ではないことが分かるはずです。戦争のない世界の構築のためには、敵国の人を非難するのではなく、相手の国を思いやり、一緒に手を携えていくことが大事だと思います。そんな世の中になったら、どれだけ幸せで平和なんだろうと想像すると、私はいてもたってもいられず、体が自然と動くんです。二〇一七年に国連で採択された「核兵器禁止条約」は私たちの大きな希望となりました。核兵器は非人道的な兵器であり、人類の生存さえ脅《おびや》かす可能性があります。だからこそ、条約の早期発効を被爆二世として強く訴えていきたいです（二〇二一年一月発効予定）。

梅野 正さん

取材後記

「戦争で犠牲になったのは、日本人だけでなく世界にも多くいます。だからこそ、被害者意識を持つだけではなく、正しい歴史を知ってほしい」。平野さんが語られていた言葉で、思い返したことがありました。

昨年（二〇一九年）、沖縄に行く機会があり、初めて、ひめゆり平和祈念資料館を訪れました。それまで私が学習してきたのは、虐殺《ぎゃくさつ》など「米軍がいかにひどい行いをしたのか」ということでした。しかし、沖縄戦の当事者は「米軍は優しかった」「お菓子をくれた」などと話していたのが印象的でした。偏見《へんけん》や誤認を排して、歴史を正しく理解することは、何より大切なことだと感じました。

また、長崎や広島、沖縄などでは平和学習は活発に行われていますが、全国的には、ばらつきがあるとも聞きました。だからこそ、長崎に住む私が学んだことを伝えていかなければいけないと考えています。戦争が苦しみを生み出すのであれば、幸せになるには、戦争をなくしていくことから始めるべきだと思います。

被爆の歴史が絶対に忘れ去られないように、もっと勉強していきます。いろんな所に足を運んで、見て、聞いて、私にできることに挑戦していきたいです。

コラム　戦時中の日常生活について

各証言の内容の補足として、当時の日常生活がどのようなものだったか、テーマ別にまとめてみました。

戦時中の衣服

明治時代初期、ヨーロッパやアメリカの西洋文化が取り入れられ、さまざまなファッションスタイルが生まれました。

しかし、昭和に入り、戦争が激しくなるにつれて、華やかなファッションに対する制限が加えられました。国が定めた法律により、衣服の合理化・簡素化が国策とされ、国民服や、もんぺの着用が義務付けられました。

▼国民服

一般男性が全ての場所で着用可能な服として、国民服が決められました。色は、カーキ色（茶色がかった黄色）。

一九四〇年からは、中等学校学徒の制服になりました。

▼もんぺ

戦況が激しくなると女性の活動の場が広がり、動きやすく着替えやすいなどの理由から和服もんぺが普及しました。

もんぺは、結婚式や葬式の礼服としても認められていました。

▼防空頭巾《ずきん》

空襲による爆風などから頭や首、肩のあたりを守るためにかぶられていました。空襲の備《そな》えとして、買い物や学校の登下校の際にも持ち歩いていました。

胸には住所、氏名、生年月日、血液型を書いた名札を付けていました。

戦時中の食生活

太平洋戦争開戦当初（一九四一年）は、食事に困ることはなかったものの、次第に主食・調味料・副食物などは配給制または切符制となり、自由に食料が手に入らなくなっていきました。

一九四五年に入ると、「代用食」の普及が盛んになり、配給の割合が大きくなりました。「代用食」とは、例えば、とうもろこしやどんぐりの粉食化、でんぷんのしぼりかすの利用、野草の食用化などです。

▼「代用食」への変化例

白米	味噌汁	煮物 （ひじき・しいたけ・高野豆腐）
▼	▼	▼
麦やひえを混ぜたもの 玄米がまばらに混じった脱脂大豆飯	海藻などの塩汁 （味噌・醤油・砂糖はわずかな量の配給）	芋やかぼちゃのつるなどのおひたし

▼ すいとん

うどんの粉をねってだんごにしたもの。当時は、調味料がまともに手に入らなかったため、味付けの余裕もなかった。大根の葉やかぼちゃの葉、さつまいもの葉、くず野菜など、本来捨てられる部位を具にして汁で煮ていた。

▲ さつまいもごはんと茎のおひたし

さつまいもを、細かく切ってごはんに混ぜて炊いたり、煮たりして代用食とした。葉や茎は、ゆでておひたしにしたり、味噌汁の具にしたりした。

戦時中の住まい

家の明かりが爆撃の標的になるのを避けるため、夜間の照明や火の使用を制限（灯《とう》火《か》管《かん》制《せい》）し、電灯は黒布や新聞紙で覆《おお》われていました。

　家の中にはいつ空襲にあっても逃げ出せるようにと、防空頭巾や非常袋、救急かばんが常備されていました。

　窓ガラスには、細長く切った紙がテープのように貼られ、割れた窓ガラスの破片が飛び散らないように工夫されていました。

▼防空壕《ごう》

公園や学校、職場などの公共待避所は崖下や山腹《さんぷく》で、地下に集団用の防空壕が造られました。家庭用の防空壕も、自宅床下や庭先に造られました。

　地面を一・四メートルほど掘り下げたもので、五人家族であれば二畳分ほどの広さでした。

　ただし床下防空壕の場合、家が燃えると壕に閉じ込められてしまうため、戦争末期には、床下防空壕はほとんど使われなくなりました。

戦時中の学校生活

一九四一年に「国民学校令」が出され、それまでの尋常《じんじょう》小学校は国民学校初等科へと名称が変わりました。国民学校では、「教育勅語《ちょくご》」を基本とした道徳教育が進められました。

また、国民学校令により、教科も再編成されました。初等科・高等科で共通して、国民科、理数科、体錬科、芸能科の四教科が教えられ、高等科では実業科（農業・商業・工業・水産）が加わった五教科となりました。

▼ 戦時中（1944年）の10代前半までの主な学校制度

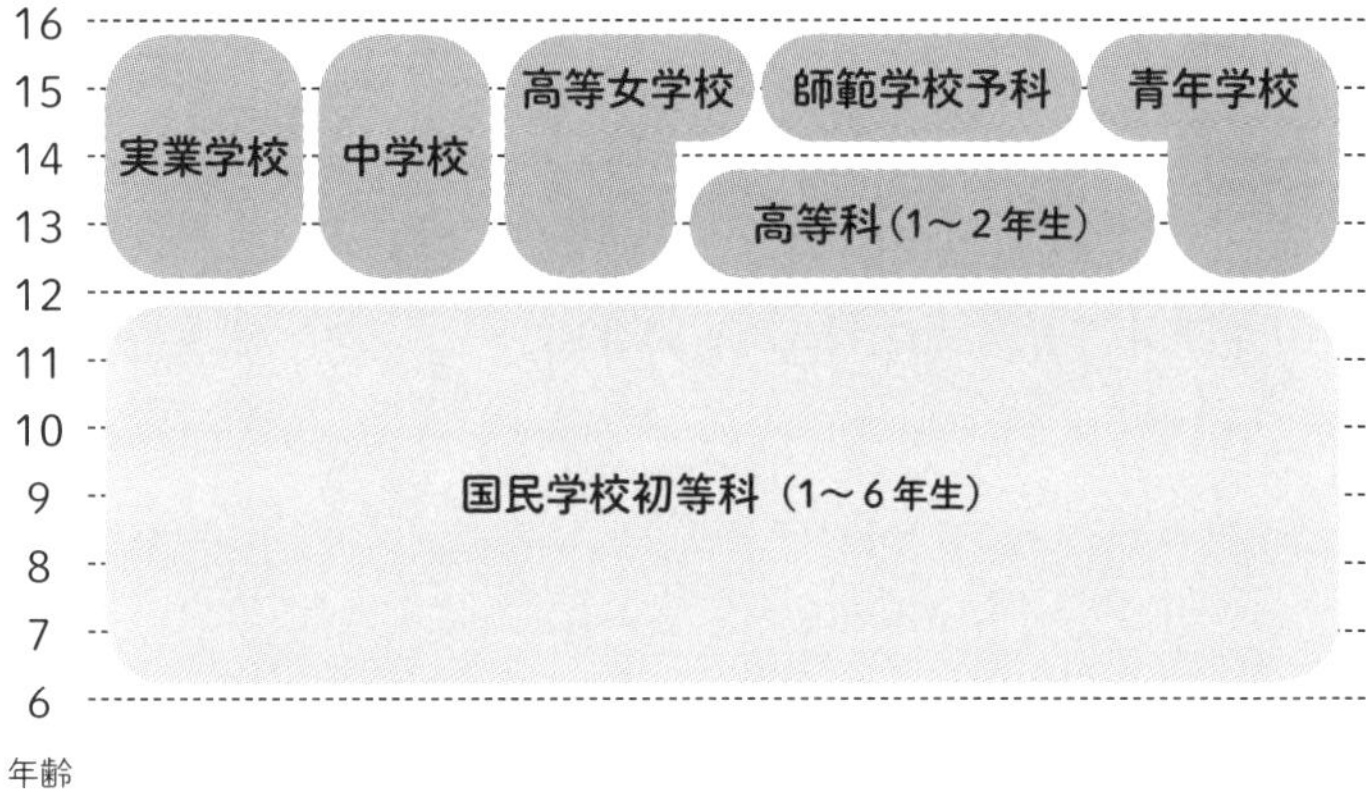

▼学童疎開《そかい》

都市部の国民学校三～六年生には、地方へ避難するよう命令が出されました。

地方に親戚のいる子どもは、親戚の家へ「縁故《えんこ》疎開」、親戚のいない子どもは、先生に連れられて「集団疎開」することが勧められました。

集団疎開の疎開先はお寺、旅館、公民館などで、子どもたちは親や家族と離れて暮らさなければなりませんでした。

国民学校生活の様子

国民科
修身・国語・国史・地理

理数科
算数・理科

体錬科
体操・武道

芸能科
音楽・習字・図画・工作・裁縫（女子のみ）

▲ **図画の時間**
模型の飛行機を作る

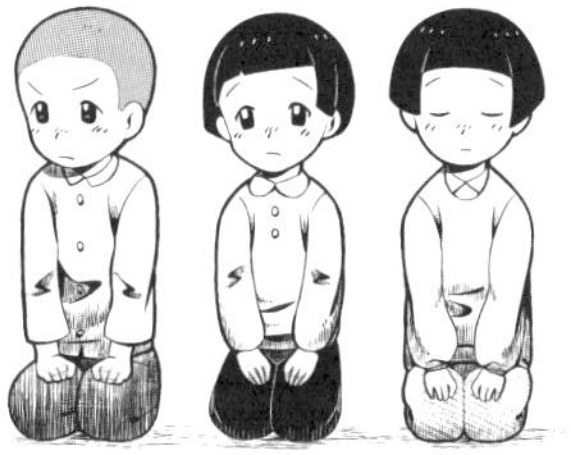

▲ **修身の時間**
道徳的な教育

▲ **手旗の訓練**
遠くにいる相手に伝える通信方法の練習

▲ **防煙マスク装着練習**
煙の中を逃げ延びるための練習

上級生になると男女別々に訓練することもありました

【男子】
銃剣術の訓練、柔道、剣道、裸体操、乾《かん》布《ぷ》摩《ま》擦《さつ》など

【女子】
弓道、なぎなたの訓練など

▲ 銃剣術の訓練

▲ なぎなたの訓練

勤労動員（学徒勤労動員）

十二歳以上の中学生・女学生は、国の政策で、兵器を造る軍需生産や、食糧増産に従事していました。

▲ 軍需工場での兵器製造

【男子】
- 空襲の時に延焼を防ぐ防火地帯を造る
- 壊れた線路や橋を復旧するための土木作業

【女子】
- 桑の木の枝の皮をむいて、紙や糸の原料になる繊維を作る
- 衣類のミシン掛け
- 金属加工
- 救護訓練

【男女共通】
- 軍需工場で兵器を造る

戦時中の遊び

戦時中で遊び道具もない中、当時の子どもたちは知恵を出して、楽しい遊びを考え出していました。

集団で遊べるもの、一人で遊べるもの、いろいろな遊びで、当時の子どもたちは楽しんでいたのでしょう。

〈当時の遊び〉

- ・ベーゴマ
- ・めんこ
- ・お手玉
- ・おはじき
- ・かくれんぼ
- ・けんけんぱ
- ・缶けり
- ・なわとび
- ・竹馬
- ・虫取り
- ・手遊び
- ・木の実鉄砲

など

竹馬

お手玉

めんこ

おはじき

高村さんの証言（五一ページ）に出てくる「木の実鉄砲」って何？

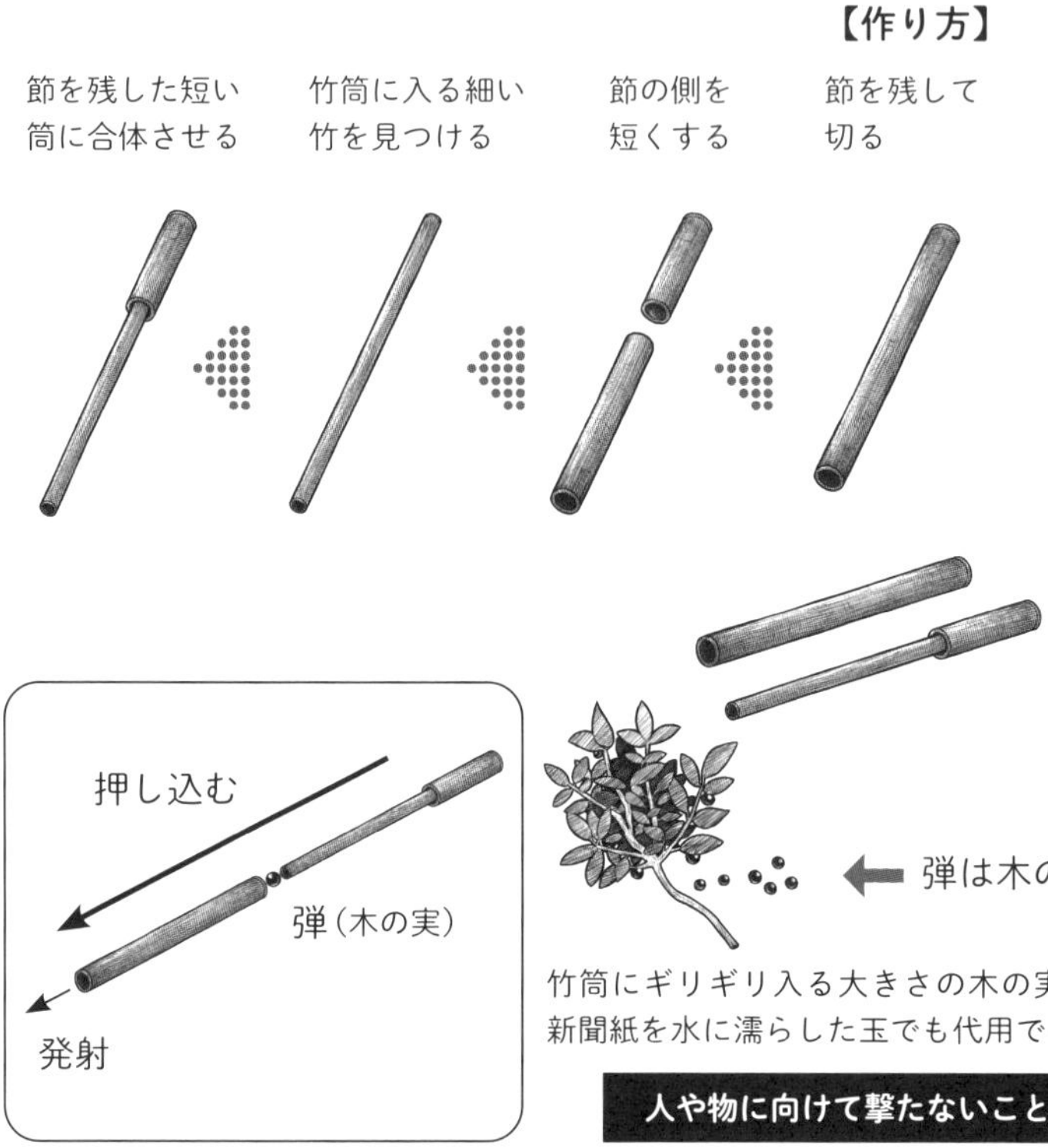

戦中戦後はとにかくモノがない時代。とはいえ、「身近なものを何でもおもちゃにできる」という子どもの才能は、いつの時代でも変わらないのかもしれません。

　川に行けば石切りをして、山に行けば木の枝やススキを振り回す。

　今ではあまり使わない小刀を使った作業も、昔はもっと身近でした。「木の実鉄砲」のように竹を細工して自分たちでおもちゃを作ることも当たり前。

　戦争という時代下であっても、何とか工夫して遊んでいたようです。

　明日も明後日も一緒に遊べると信じて――。

第2章

未来への継承を考える

核問題を「自分事」として捉える
被爆地の声、上げ続けることが大事

インタビュー

長崎大学核兵器廃絶研究センター（RECNA）

吉田 文彦 センター長

【プロフィル】

一九五五年生まれ。八〇年に東京大学を卒業後、朝日新聞社に入社。四年間、徳島支局で勤務した後、渡米。ジョージタウン大学で一年間、核戦略・軍縮問題を研究した。その後、大阪大学で博士号を取得し、米国カーネギー国際平和財団客員研究員などを経て、二〇一九年四月、RECNAのセンター長に就任。長崎出身の父を持つ。長崎の好きな場所はグラバー園内のカフェ。主な著書に『核解体』『核のアメリカ』などがある。

——長崎大学核兵器廃絶研究センター（RECNA）が設立された背景や、目的を教えてください。

設立のきっかけの一つになったのが、二〇〇九年四月に米国のオバマ大統領（当時）がチェコの首都プラハで行ったスピーチ（プラハ演説）です。この中でオバマ大統領は、「米国は核兵器のない世界の実現を目指す」と宣言しました。これを受け、核兵器廃絶に特化した研究所を設置する動きが加速し、二〇一二年四月にＲＥＣＮＡが設立されました。

設立された理由は、被爆地にある大学だからということです。世界で唯一被爆した医科大学である長崎医科大学を継承しているからです。ＲＥＣＮＡの大きな役割として、①調査研究、政策提言②教育、人材育成③市民社会への情報発信——の三つについて、使命感を持って取り組んでいます。

——平和というテーマを考えた時、「核兵器廃絶＝世界平和」との見方もありますが、吉田センター長はどのようにお考えですか。

結論から申し上げると、私は必ずしも核兵器廃絶がそのまま平和だとは考えていません。単に核兵器がゼロになったとしても、平和を脅《おびや》かし、人の命を奪《うば》うような武器は、ナイフや銃《じゅう》など、核兵器以外にもたくさんあるからです。ただ、それでも核兵器廃絶は平和のために必要です。大事な点は、核兵器は平和を壊し、一瞬で多くの命を奪い、大量の放射線を出して人体に深刻な影響を与える武器であるということです。そんな恐ろしいものを持ち続け、安全保障の手段として用いてしまうことのできる社会自体にも、道徳的な問題があります。ゆえに、核兵器をなくした先に、安定した国際社会が築かれると思います。

そして、核兵器に依存しないためには、別の手段で平和を守ることを考えなければなりません。それは政治家だけが考えればいい問題ではなく、一人一人が考えていく必要があります。「核がないほうが安心だ」「別の手段で安全保障を確保したほうがいい」といった考えが世界に広がっていかないと、核兵器はなくなりません。なぜなら、核保有国や核関連産業にとっては、核がある現状を維持《いじ》するほうが楽だからです。大きく変革しないほうが自分たちの既得権《きとくけん》が守られるという理屈です。そこを押し返すような強い世論や、交渉する力を生み出していく必要があり、その根源となるのが、若い世代の人たちだと思っています。

――どうすれば核に依存せずに平和を守れるのか、一人一人が自分の考えを持つことが必要なんですね。

ええ。その上でまず、触れておかねばならない大事な点があります。それは、悲惨な原爆を体験されて今も生きていらっしゃる被爆者の、いわゆる〝生き証人〟としての言葉の力がいかに大きいかということです。これまでの核兵器をなくすための運動や教育、研究などにおいて、被爆者の言葉の力が与えた影響は計り知れません。

原爆で亡くなった人の数は、長崎だけで七万三千人にも上ります。そのうちのほとんどの方が、爆発した瞬間に命を奪われました。一万人でも、一人一人の顔の写真を並べたら驚《おどろ》くほどの広さになります。それが七万人もいるのは、もはや言葉では表現できないほどの悲惨さです。被爆者はその体験を後世に伝えようと、一生懸命《けんめい》語られています。それを聞いて、「こんなことを繰り返してはいけない」「自分も何かできることをしよう」と考えた人はたくさんいると思います。しかし、原爆投下から七十五年がたった現在、当時の記憶が鮮明で、かつ今も元気にお話ができる方は、残念ながら、どんどん減っています。そして、被爆者がいなくなる日もやがて来るでしょう。

だからこそ、まさにＲＥＣＮＡの役割である、被爆の実相《じっそう》を伝える調査研究や教育、情報発信などが必要になってくるわけです。移り変わる時代の中で、どのように事業として継続させ、私たちの役割を果たしていくのか、常に考えています。

また、やはり大事なのは後世への継承ですが、その道のりは、決して簡単なものではないと思います。

これからの若い世代は、平和や原爆の問題を考える時、おそらく私たちの世

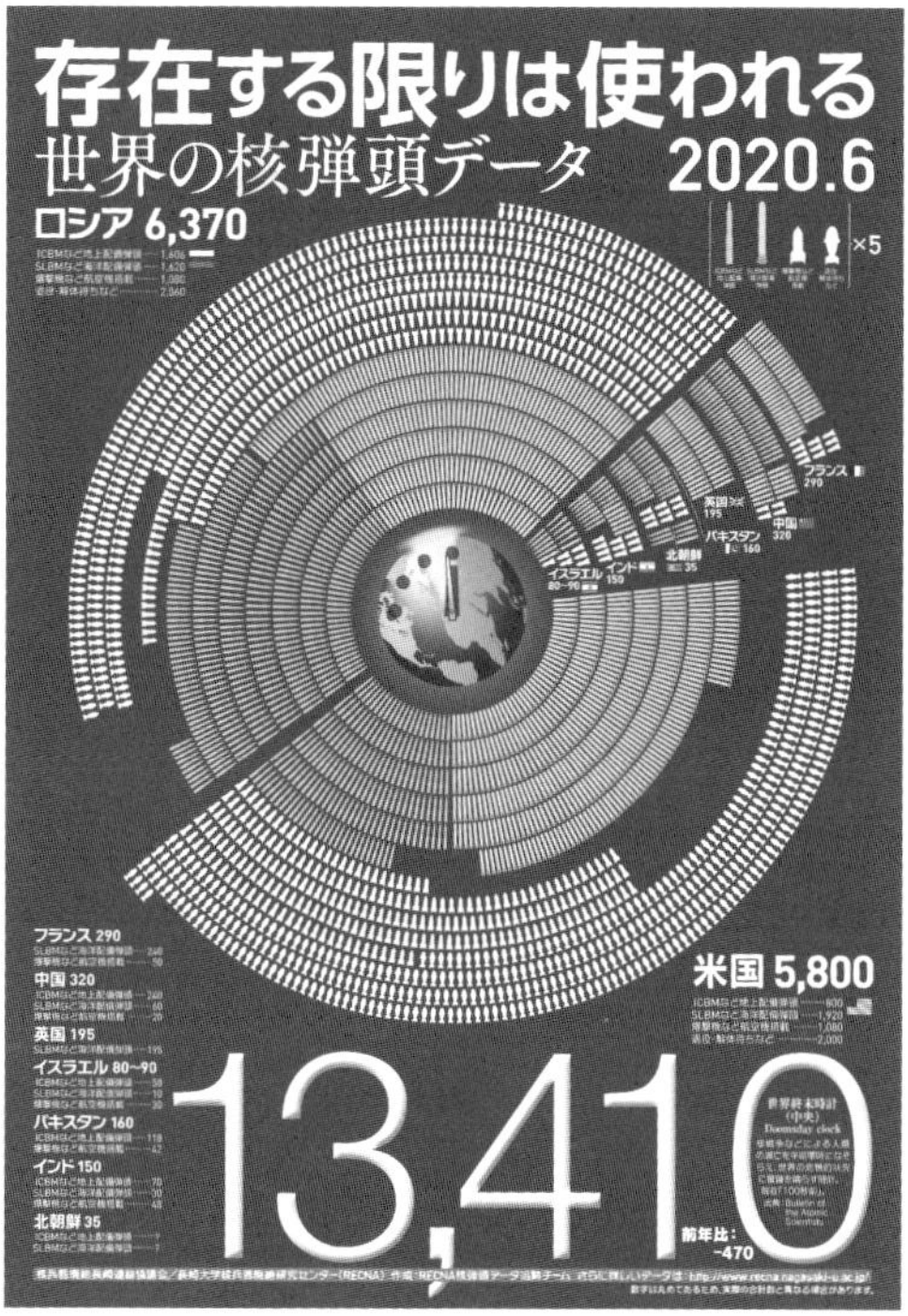

ＲＥＣＮＡの特徴的な取り組みの一つに、世界の核弾頭データをまとめたポスターの発行がある。核兵器が「存在する限りは使われる」とのメッセージとともに、各国の核弾頭の種類や数が一目で分かるようになっており、中央には世界終末時計がデザインされている。このポスターは年に１回、日本語、英語、韓国語の３言語版で作成されている

代よりも、もっと想像力が必要で、努力しないといけなくなるでしょう。なぜなら、被爆者という生き証人から触発を受ける機会を持てず、本を読んだり、遺構を見たりなどしかできなくなってしまうからです。そう考えると、今はまだ被爆者に直接会ったり、話を聞いたりできる機会はあるので、そのチャンスを生かしてほしいと思います。五年、十年と時がたつにつれ、難《むずか》しくなってきますから。

――「被爆者がいなくなった時代」に、平和について考え、行動していく世代が今の若い人たちなんですね。

最近、学生の会話で「『自分事』にする」という言葉をよく耳にします。自分には関係ないという意味の「他人事《ひとごと》」の対義語みたいな使い方だと思いますが、これは当事者意識を持つということの言い換えかもしれませんね。

実際のところ、真剣に核兵器のことをなくそうと日々考えるのは難しいですよね。特に今の若い人たちは、自分のやりたいことや将来の夢、選択肢《し》などに向けてきちんと考え、努力しています。それは、努力をすればいつか報《むく》われる、やりたいことができるということを前提にした考えを持っているからですよね。つまり、未来においてそういう時間や機会が当たり前のようにあるということです。

そこで、想像してみてください。ある日、突然それが消えたとしたらどう思いますか。核兵器が使用されるというのは、そういうことなのです。もし自分の命が助かったとしても、核兵器によって世界は一変してしまうでしょう。自由に移動するのも難しくなるだろうし、国中が飢餓《きが》状態になっているかもしれない。気候が寒冷化し、今のような日本ではないかもしれない。今、与えられているものや、前提にしているものが突然消えてしまう。今、頑張っていることや、積み重ねてきたものが全て灰《はい》になってしまう。そういう可能性を持っているのが核戦争なのです。

例えば、若い人たちはもっと、「核兵器で自分の将来の邪魔《じゃま》をしないでほしい」という視点から考えてみてはどうでしょうか。人生において邪魔なものやリスクは減らしたほうがいいですよね。健康に気を使ったり、事故に遭《あ》わないようにしたり、生きる上でリスク管理は大切です。その延長線上に、核兵器のことも頭に入れておいたほうがいいと思うのです。

――核問題に対して、どう関わっていけばいいのでしょうか。

核兵器廃絶の問題について、まず「自分事」として捉《とら》えて考えていけば、関わり方も変わってくると思います。核なき世界の実現へ署名活動を行うとか、選挙で自分の考えに近い人を選ぶでもいい。あるいは、海外にネットワークを広げて、米国やイギリスなど核保有国で暮らす人たちとつながって意見を交わすとか、方法はいろいろあります。そういう行動を積み重ねていくことが大事です。核保有をめぐる問題は、いわば賛成側と反対側の陣地取り合戦とも言えます。黙《だま》っていたら、現状を維持したい賛成側に押し込まれる一方です。

――被爆地である長崎が持つ発信力や、世界に与える力について、どのようにお考えですか。

核兵器をなくそうと頑張っている国や個人の考えの根本には、被爆した方々を中心とした被爆地からの発信があります。それは、南太平洋で繰り返し行われた核実験により被曝した方々からの声も含みます。そういう被爆者からの発信がなければ、誰も核廃絶への行動を起こさなかったと思います。

一九五四年、日本にとって衝撃的な事件が起こりました。米国が太平洋のマーシャル諸島ビキニ環礁《かんしょう》で行った核実験により、日本のマグロ漁船「第五福竜丸」

が被曝したことです。この事件は、反核運動が盛り上がるきっかけとなり、被爆者を中心とする団体の設立にもつながりました。こうした放射線被害に関する動きが国内外に与える影響は非常に大きいのです。

逆に言えば、被爆者が減り続け、被爆地からの発信力が先細りになり弱くなっていけば、どうなるか。世界中の人々が、「時代も変わり、被爆地からも声が上がらなくなった」と思い始めると、もう誰も核廃絶を叫ばなくなるでしょう。

随分前になりますが、核廃絶に熱心な国として知られるマレーシアの国連大使に会って話をした際、このように言われました。「我々が核廃絶決議を出すことができるのは、日本の被爆地が『核はなくさなければならない』と力強く発信してくれるからです」と。さらに、「もし、日本や被爆地が核廃絶について何も言わなくなったら、被爆した経験のないわが国が何を言っても無駄になってしまいます。だから、とにかく日本と被爆地は声を上げ続けてくださいね」との期待も寄せられました。核廃絶をめぐる日本や被爆地の動向は、私たちが思っている以上に世界から注目されているんです。

――日常生活の中で、核問題を周囲に伝えていくことは難しいと感じる時があります。

そうですね。核問題の特徴の一つとして、長崎への原爆投下以降、七十五年間使われていない事実が挙げられます。だから、「身近に感じにくいし、どうせ今後も使われることはない」との意見もあります。一方で、新型コロナウイルスや気候変動、人種差別といった問題は、「自分事」として捉えやすいんです。現実に今、身の回りでも起きていることですし、新聞やテレビで報道され、インターネットでよく話題になっていますから。そして、いずれの問題も放置していれば、状況が悪化していくこともよく理解できるかと思います。

しかし、核問題については、「七十五年間使われていないんだから、核兵器が存在しても平和は保たれる」と考える人はたくさんいます。要するに、核兵器があるのは当たり前だと感じている。人類の存亡がかかっているような破壊装置にもかかわらず、です。

核実験は昔、大気圏内や水中で行っていたので、ある意味、目に見えていたんです。ところが、一九六三年に「部分的核実験禁止条約」ができてからは、ほとんど地下での実験になり、見えなくなりました。すると、核実験に反対する運動も勢いが弱くなりました。見えなくなり、実感する機会が減ると、最初は異常だと感じていたことが、次第に日常化し、リアクション（反応）が弱くなってしまうのです。それが核兵器をめぐる問題の一つだと思います。

　では、核問題について何が必要か。それは「想像力」です。「問題を放置しておくと、どうなるのか」「きちんと対応すれば、こんなふうに変わるんじゃないか」などと想像力を働かせて、まず自分が動き、続いて共感してくれる人たちも動く、といったように行動がつながっていかないと、結局変わりません。

　想像力はすごく大事で、その力を育てるために何をしようかと考えた時に、大きな役割を果たしてきたのが、七十五年前の戦争や原爆の写真を見たり、体験談を聞くことでした。私たちの世代は、そうした悲惨な写真をたくさん見てきたし、戦争により手や足を失った人も実際に目にしてきました。

　しかし、現在はそうした機会が昔に比べ極端に減りました。いわば身近に存在しない。では、これから先、若い世代はどうやって想像力を広げていけばいいのでしょうか。それは、ぜひ同世代の皆さんの感性で考えてみてほしいと思います。例えば漫画や小説、アニメを活用するなど、方法はたくさんあるはずです。

――最後に、若い世代に向けてメッセージをお願いします。

若い頃は、自分の人生設計をする時期でしょうから、どんな仕事に就《つ》いて、どこに住んで、どんな価値観で生きるのかを考えることもあると思います。そうした時に、自分の未来と世界の将来を重ね合わせて考えてほしいと思います。なぜなら、自分の人生や将来の夢を考えた時に、自分と関係なく世界が動くわけではないし、世界と関係なく自分の夢が叶《かな》うわけでもないからです。だから、「つなげて考える」というのが大事です。

核問題や新型コロナ、気候変動などの諸問題についても、一つだけに関心を持つのではなく、やはり、つなげて考える。「どの問題もリスクは減らしたほうがいい」との思いが多くの人に広がっていけば、いずれの問題についても皆の意識が変わります。意識が変われば、やがて世界や社会の仕組みも変えていくことができます。これからの新たな時代を担《にな》う若い皆さんに、心から期待しています。

私にとっての継承のあり方①

梅林《うめばやし》 良《よし》美《み》さん

自ら考え、行動し、
答えを見いだす。
それを周囲と分かち合う。
そこに核廃絶への一歩がある。

一人一人が〝相手に寄り添う気持ち〟を持てば、平和への一歩を踏み出すことができる。平和な未来に向けて、被爆体験を風化させず、「継承」するためには、伝える側と受け継ぐ側、両方の気持ちの触れあいが大切だと思います。

私は、長崎市で生まれ育った被爆三世。七十五年前の八月九日、祖父はこの地で被爆しました。幼い頃から、大好きな祖父と共に暮らし、原爆の悲惨さについて聞いてきました。体験を語る祖父の瞳《ひとみ》を見れば、核兵器廃絶が被爆者である祖父の願いだと分かりました。だから私は、全国の高校生が、核廃絶と平和な世界の実現を目指す「高校生1万人署名活動」に参加しました。

毎週日曜、長崎県内の複数校のメンバーと共に、この署名活動に取り組んできました。大変でしたが、他校の人と友情の輪が広がるのは刺激的で、一つのテーマを語り合うのは、とても楽しかったです。

でも、大学進学で上京してからは何となく悶々《もんもん》とする日々が多くなりました。長崎の友人には共感を広げることができても、東京では、被爆に関する意識が長崎とまるで違い、「8・9」が、長崎への原爆投下の日だと知らない人がいることに驚《おどろ》きました。

初めは戸惑《とまど》いましたが、気付いたこともありました。自分だって、東京大空襲についてはよく知りませんでした。「平和」と一言でいっても、自分と友人が抱《いだ》くイメージは、それぞれで異なる。「核兵器廃絶」への意識も同じだと思います。友人との交流が、「当たり前」は人によって違うこと、先入観を持って人と接してはいけないことを気付かせてくれました。

大学時代、私はアメリカに短期留学しました。初めての海外生活は苦労もあり、寂《さび》しさも感じました。特に印象に残っているのは、「ここでは、自分の考えを自《みずか》ら発信しなければ相手にしてもらえない」と感じたことです。

慣れない英語で、必死で授業にもついていきました。一カ月がたった頃、授業でやっと英語で発言することができました。

内容が良かったかどうか自分では分かりませんが、教授は、私が一生懸命《けんめい》、自分なりに考え、発言したこと自体を評価してくれました。相手の意見を尊《そん》重《ちょう》し、違いを認めていく――そこには、相手に温かく寄り添う気持ちがあり、それは双方の心の距離を縮めてくれる。アメリカで、自ら考え、発信することの意味を学んだ出来事でした。

自分の意見や考えを大切にできる人が、「周囲にも寛容《かんよう》になれる」ともいわれます。高校時代に署名活動を通して得た友情、留学時代の貴重な体験を通じて、改めて思うのは、被爆体験の「継承」のあり方に、またそれぞれが考える「平和」のあり方に〝正解〟はないということ。でも、一人一人が自ら考え、行動し、自分らしい答えを見つけ出す。自信を持って、それを周囲に発信し、互いに思いを語り合い、分かち合う。これを積み重ねていけば、被爆体験の継承につながると思います。

私にとっての継承のあり方②

小《こ》林《ばやし》 裕《ひろ》美《み》さん

今こそ体験を聞き、
学び、未来へ伝えていきたい。
私たち青年の成長が、
平和の力となる。

長崎に原爆が投下され七十五年が経過し、被爆者の高齢化が進んでいます。

私は戦争を経験していませんが、被爆者からその体験を聞いてきました。だからこそ、聞いたことをさらに伝えていくことが、私の使命だと感じています。

私は、小学生の頃から授業の一環として、平和学習を受けてきました。しかし、高校入学前まで市外に住んでいたため、直接、被爆者から体験を聞く機会はありませんでした。

高校生になると、平和運動に取り組む人と出会い、クラブ活動の「平和学習部」に所属しました。二年次には長崎市の「青少年ピースボランティア」の一員にもなりました。被爆証言の聞き取りや被爆遺構をめぐるフィールドワークなど、幅広く活動しました。

中でも、高校三年の夏に、被爆者から直接、被爆証言を伺えたことが強く印象に残っています。

それまで学んできた原爆の基礎知識に加え、私がこれまで知らなかった歴史も聞くことができました。

一九四五年八月九日、ラジオから「爆撃はないので安心していい」という内容の放送が流されていたそうです。「それを聞き、外出した人も多くいた」と被爆者は語ってくれました。今となっては推測することしかできませんが、防空壕《ごう》や避難場所から外に出てしまったことで、亡くなった人もいたのだと思います。胸が痛むような話でしたが、直接話を伺えたことで、一層の興味が湧《わ》きました。同時に、被爆者の平均年齢が高くなっていることに私自身も焦《あせ》りを感じ、今のうちに被爆者の話を聞いておかなければという使命感に駆られました。

二〇一七年には、核兵器廃絶国際キャンペーン（ＩＣＡＮ）の国際運営委員を務める川崎哲《あきら》さんの講演会に、高校生の代表として参加しました（同年、同団体は「ノーベル平和賞」を受賞している）。

講演会では、同年七月に国連で採択された「核兵器禁止条約」に触れ、各国の代表と意見を交わしながら、どのようにして条約採択に至ったのかが紹介されていました。また、四人の大学生がテーマを持ち寄ったパネルディスカッションも行われ、ただ傍聴《ぼうちょう》するだけではなく、参加者と相互に考えを深める有意義な時間でした。

川崎さんは、私たち学生に対して、平和運動の取り組みや今後の展望を、自身の経験を踏まえながら語られました。そして「平和活動において、若者の力が非常に重要です。だからこそ、これからも頑張ってほしい」と、言葉をかけてもらい、私も新たなスタートを切ることができました。

私は今、東京都内の大学に通っています。「戦争」と「平和」について、学術的に研究しようと考えています。大学入学後、早速、学長自《みずか》らが講義したオンライン授業で、感動的な言葉に出合うことができました。学長から紹介されたのは、「女性が力を持てば、戦争は起こらない」との大学創立者の一言でした。〝女性が平和の担《にな》い手となる〟——それは私に、新たな「世界」を教えてくれた気がしました。

自分が将来、どういう道を歩みたいのか、まだ明確に定まってはいません。しかし、私には私にしかない使命がある。今は学びを深め、自ら動き、どこまで成長できるか楽しんでいきたいです。私にできる「継承のあり方」を追い求めて、努力を続けていきます。

第3章

核のない世界を目指して

望まれない兵器の誕生

第二次世界大戦が勃発《ぼっぱつ》する前年（一九三八年）、ドイツで人類初の核分裂を引き起こす実験が成功しました。以後、この原理を兵器に応用するための研究が加速していきます。

一方で、実験に携《たずさ》わった科学者の中には核兵器による「悲劇」を憂慮《ゆうりょ》し、葛藤《かっとう》する人もいました。核分裂の連鎖反応の可能性を証明した物理学者レオ・シラード[*1]は、「私は世界が悲しみに向かっていることを知った」[*2]との言葉を残しています。

アメリカのシカゴ大学の原子炉で連鎖反応の制御が成功し、最初の核実験が行われようとしていた一九四五年七月。核兵器の使用を再検討するように打診したのも同大学の科学者たちでした。しかし科学者らの思いとは逆に、ついに核兵器が使用される日が訪れてしまいます。

レオ・シラード

レオ・シラードは、原爆開発に関与した科学者による核廃絶を目的とした団体パグウォッシュ会議のメンバーでもあった

＊1　（1898―1964）ハンガリー生まれの物理学者、生物学者。1933年イギリスに亡命、この頃、核の連鎖反応を着想した。1942年以降、原爆製造プロジェクト（マンハッタン計画）に参加したが、1945年日本への原爆投下には反対した。

＊2　シドニー・レンズ『核兵器は世界をどう変えたか』矢ヶ崎誠治訳、草思社

1945年8月6日に広島、そして9日に長崎に原子爆弾が投下。
たった1個の原子爆弾の爆発により街は壊滅状態になりました。

8月9日午前11時2分、長崎市松山町上空で爆発した原子爆弾

投下前の長崎市

投下後の長崎市

For Reference

「What if We Nuke a City?」

この動画では核爆弾が現代の大都市に落ちたらどうなるか、
その恐ろしさを詳細にアニメーションで紹介している。
https://youtu.be/5iPH-br_eJQ

世界終末時計が示す現実

2020年1月23日、残り100秒を示した
世界終末時計

一九四七年、科学雑誌『Bulletin of the Atomic Scientists』に「世界終末時計」が掲載されました。地球滅亡の時間を午前〇時とした時、当時がまさに人類が滅亡する七分前であると、その危険を訴《うった》えたのです。これまで、その針が最も進んだのはアメリカとソ連が水素爆弾の実験をした一九五三年であり、残り二分でした。

以後、その針は一九九一年には十七分前まで押し戻すことができましたが、北朝鮮の核開発による核戦争の懸念《けねん》から二〇一八年には再び二分前に、そして二〇二〇年には百秒前を示し、史上最も滅亡に近づいたとされました。

その要因として、緊迫《きんぱく》する国際情勢や近年の気候変動による災害の脅《きょう》威《い》も考慮されたようですが、いずれにせよ、現在がこれまで経験したことのない最悪の状況にあることを主張する科学者たちもいるのです。

For Reference

「Know the Time」

世界終末時計の残された時間の推移を動画で学べる。

https://thebulletin.org/multimedia/know-the-time/

いまだ世界に存在する核兵器

▼世界の核弾頭数（退役・解体待ち含む）

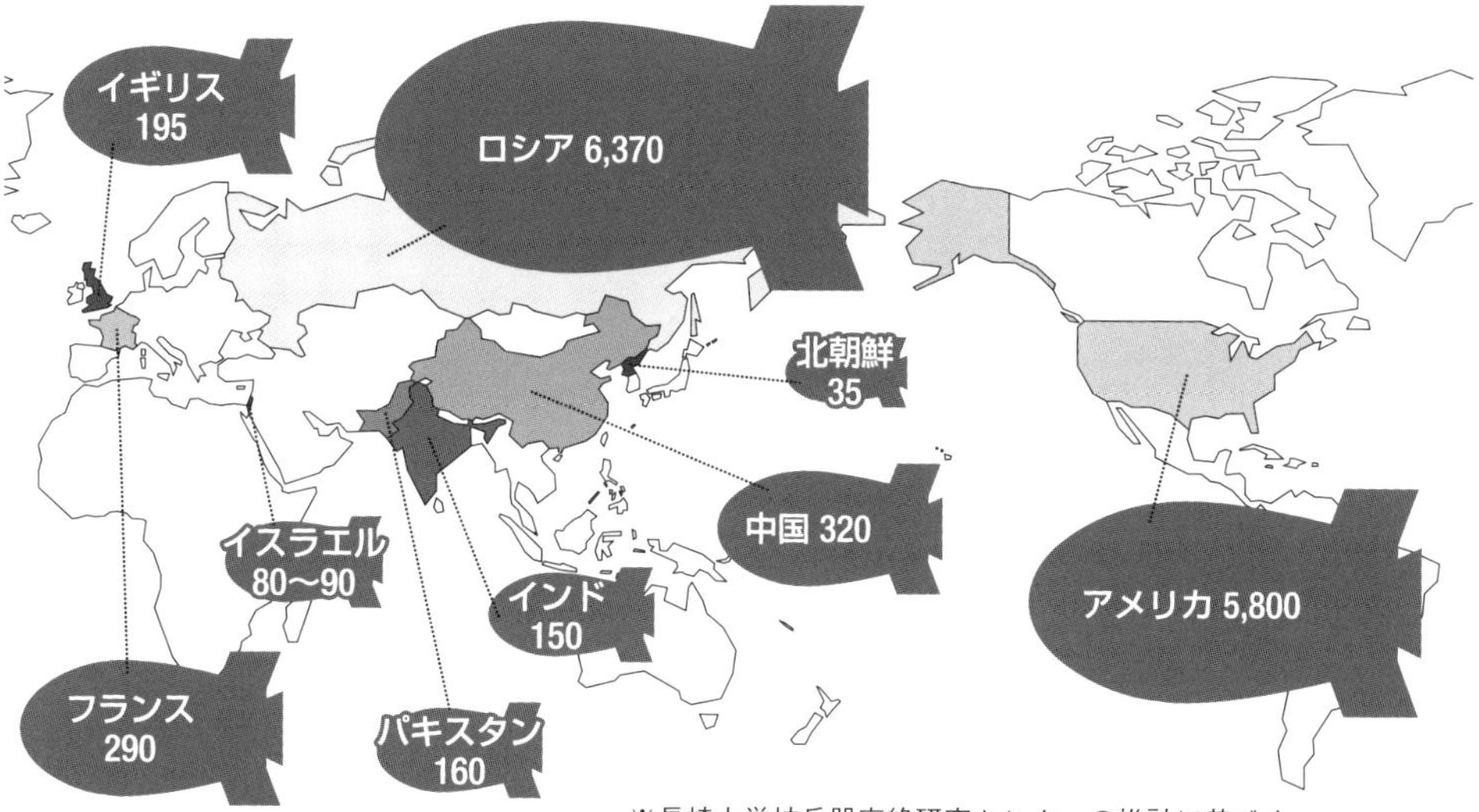

※長崎大学核兵器廃絶研究センターの推計に基づく

核兵器が戦争で使用されたのは、世界の中でも広島と長崎しかありません。〝ヒバクシャ〟をはじめ、平和を求める人々は、「なぜ核兵器を持ち続けなければいけないのか」と、長年、声を上げてきました。しかし現在でも、アメリカ、ロシア、イギリス、フランス、中国、イスラエル、インド、パキスタン、北朝鮮の九カ国が核兵器を保有しているとされています（二〇二〇年時点）。

近年では、核弾頭の数は減りつつありますが、いまだ世界には一万三千発以上の核兵器が存在するのです。

ビキニ環礁の悲劇

核戦争防止国際医師会議（IPPNW）による研究（一九九一年）によると、核実験によって発症したがんの死亡者数は、二〇〇〇年までに四十三万人にも上ると推定されています。さらに将来にわたり、約二百四十万人もの犠牲者が出るとの推測もあります。

核実験は、現在まで約二千回に及びました。中でも、人口十万人にも満たない太平洋の小国・マーシャル諸島共和国では、十二年間（一九四六〜五八年）に六十七回もの核実験が行われた歴史があります。

美しいマーシャル諸島は真珠の首飾りといわれている

一九五四年、アメリカによるビキニ環礁《かんしょう》での大規模な水爆実験（ブラボー実験）では、実験の影響で、多くの人が、がんや白血病で亡くなったとされています。

実験後しばらくすると、放射性降下物の雨が降り始め、あたりは白い粉状の物質で覆《おお》われました。子どもたちは、何も知らず雪と思って遊び、口にした子もいました。自給自足の生活をしていたため、ココヤシなど食べ物による内部被曝《ひばく》の危険が続いたのです。

ビキニ環礁で行われた核実験（エイブル実験、1946年）

二〇一四年、マーシャル諸島共和国は核保有九カ国を、核軍縮交渉を誠実に行う義務を果たしていないとして、国際司法裁判所（ＩＣＪ）に提訴しました。核兵器の被害を世界に知らせ、市民社会に積極的な行動を促《うなが》すために裁判を起こしたのです。

経済的に貧しく、大国に頼らざるをえない小さな島国。それでも提訴に踏み切った理由として同国のある政治家は、「我々が求めているのは核保有国が核軍縮交渉を開始して、核兵器なき世界への道筋が開かれることなのだ*」と語っています。

結局ＩＣＪは、原告側と被告間には、「そもそも紛争は存在しない」との理由で、同国の訴えを棄却《ききゃく》しました。しかし、提訴の動きは世界的な注目を集め、大規模な署名活動などに発展しました。

＊「聖教新聞」2016年4月1日付

核兵器廃絶を選択した国

核廃絶は果たして可能なのか。それを考える上で重要になる一つの事例があります。自国で核兵器を開発し保持していたが、自《みずか》らの手でそれを放棄する決断をした唯一の国、南アフリカ共和国です。

もともと南アフリカは核兵器の原料となるウランが豊富にあり、一九五〇年代後半からウランの主要輸出国となり、六〇年代からは原子力の開発が進められてきました。しかし、やがて核の平和的利用は、軍事的利用へと方向変換されていきます。

核実験を進めようとする南アフリカに対し、一九七七年、アメリカとソ連は実験の中止を呼びかけました。また同年、アパルトヘイト（少数の白人が多数の黒人を差別し隔離する政策）に対する国際的な批判もあり、国連安全保障理事会は南アフリカに対し武器禁輸の決議を採択しました。

そうした情勢に反発するように、一九八〇年代に入り、南アフリカは六発の核弾頭とミサイルを開発しました。しかし、アメリカとソ連の冷戦が終結に向かい、国際情勢が大きく変化。ソ連勢力による安全保障上の危険性が低下したこともあり、八九年、南アフリカ政府は正式に核開発計画を取りやめることを発表したのです。九一年には、非核兵器国として核不拡散条約（ＮＰＴ）に加入しました。

一九八九年に南アフリカの大統領に就任したデクラーク氏は、後に語っています。「核兵器を保持するよりも、核兵器を廃絶した方が、長期的な安全保障がはるかに確実なものになり得る」*と。かつての南アフリカが直面していた課題――それは、安全保障の問題に加え、異なるコミュニティー出身の南アフリカ人同士による対立が拡大していたことでした。デクラーク氏はアパルトヘイト体制の解体を断行し、一九九四年には全人種参加による総選挙を実現。ネルソン・マンデラ氏と共にノーベル平和賞を受賞するなど、輝かしい功績を残しました。

　核廃絶は決して不可能ではない――南アフリカ共和国から学ぶべき点は多いと言えるのではないでしょうか。

1993年、アパルトヘイト体制終結への貢献に対してノーベル平和賞を受賞したマンデラ氏（右）とデクラーク氏

＊「聖教新聞」2011年5月1日付

75年使えなかった重み

核廃絶を困難にしているものの一つが、「核兵器を保有することが最大の自国防衛の手段」との核抑止論の存在です。また、核保有国の抑止力に頼って非保有国の安全を守ろうとするのが「核の傘」の考え方です。日本や韓国、ドイツ、イタリアなどは核兵器を持たない非保有国ですが、アメリカの同盟国として「核の傘」に守られている国とされます。しかしながら長崎に原爆が投下されて以降、七十五年にわたって、世界のいずれの国も、核兵器を一度も使用していません。

いかなる理由があるにしても、「核使用のハードル」は相当高く、今や軍事的手段としては〝ほぼ使用できない兵器〟であるとの認識が定着しつつあります。核使

オバマ大統領（当時）によるプラハ演説。世界平和の根本的課題として核兵器を挙げ、「米国は核兵器のない世界の実現を目指す」と宣言した（2009年）

For Reference

▼世界の非核兵器地帯

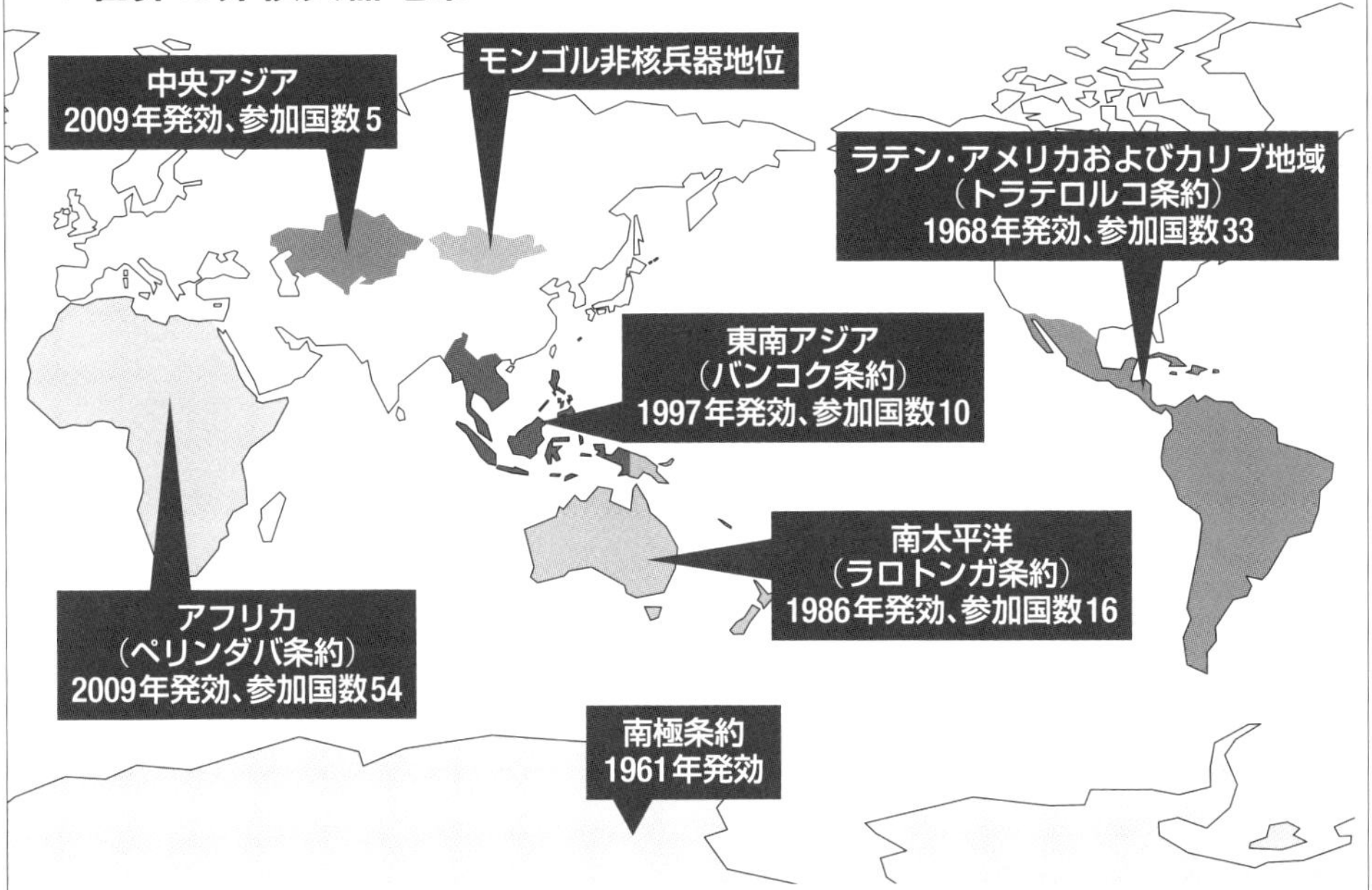

非核兵器地帯とは、特定の地域において、域内国による核兵器の生産、取得、保有及び管理を禁止することによってつくり出される「核兵器のない地帯」を意味する。通常、このような地帯を設置する条約本体に附属する議定書という形で、域外国である核兵器国（米、ロ、英、仏、中）が、域内への核攻撃をしないことを誓約している。

用のブレーキとなってきたのは、抑止力そのものよりも、核使用に踏み出すことへの決断の「重み」とも言えるでしょう。実際、核の傘に依存してこなかった国々も、核攻撃の対象となることはありませんでした。地域の緊張緩和《かんわ》や非核兵器地帯の設置に取り組む中で、自《みずか》らの手で核兵器の使用を許さない状況をつくり出す努力を続けてきたのです。

For Reference

▼世界の核をめぐる動き

1962年
キューバ危機

1989年
冷戦終結宣言
ブッシュ米大統領（左）とゴルバチョフ旧ソ連共産党書記長

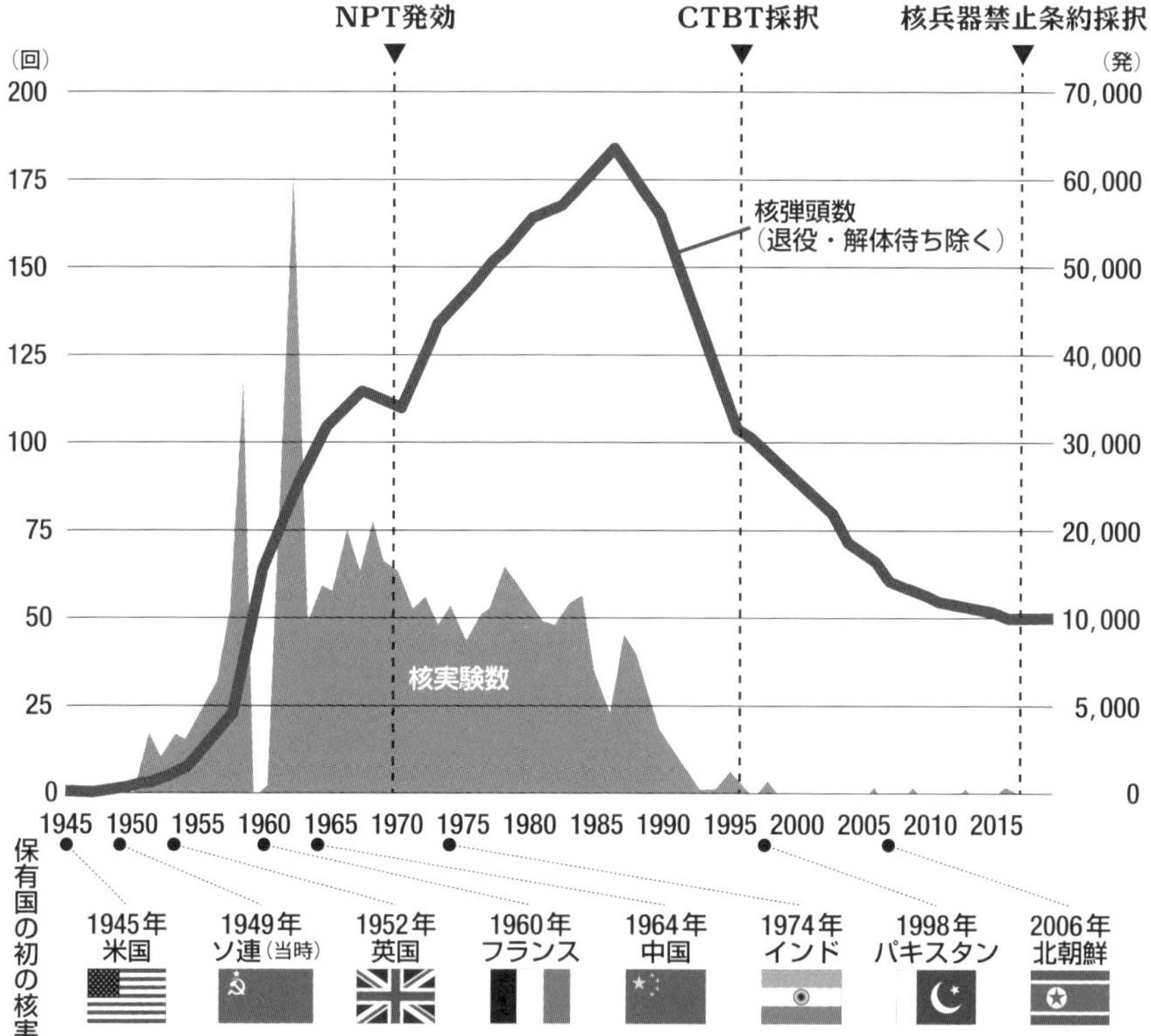

（イスラエルは1979年に秘密裏に核実験を行ったとの説がある）

「世界の核兵器、これだけある」

世界の核をめぐる動きとともに核弾頭数の推移が一覧できる分かりやすいデータベース。

https://www.asahi.com/special/nuclear_peace/change/

For Reference

▼核廃絶を目指した条約

	核拡散防止条約（NPT）	包括的核実験禁止条約（CTBT）	核兵器禁止条約
目的	核軍縮を目的に、米英仏中ロの5カ国以外の核兵器保有を禁止する	核爆発を伴う核実験を禁止する	核兵器の開発や実験、保有、使用などを全面的に禁止し、拒絶する
署名	1968年	1996年	2017年
発効	1970年	未発効 （特定44カ国の批准が条件）	2021年 発効予定
内容	①核軍縮②核不拡散③原子力平和利用の３本柱で構成。核保有国に、核軍縮に向けた誠実な交渉の義務を課している。	あらゆる空間（宇宙、大気圏内、水中、地下）での核実験を禁止している。	「ヒバクシャ」の苦痛に対する憂慮と、人道的立場から廃絶の必要性を訴えている。
問題点	５カ国のみに核保有を認めたため、不平等性が指摘されてきた。未加盟のインド、パキスタンの核保有を防げず、北朝鮮も2003年に脱退を宣言。米ロによる核軍拡問題も再燃している。	米中などが批准しておらず、まだ発効していない。1998年にインド、パキスタンが核実験を実施。さらに、北朝鮮は2006年以降、核実験を繰り返しており、条約の意義が問われている。	米ロなど核保有国が参加していない。また、米国の「核の傘」に入る日本や韓国などは、反対の立場をとっている。

（2020年10月現在）

●条約締結までの基本的な流れ

採択	条約の内容を決めること
署名	採択された条約に対して賛成（条約に拘束される）の意思表示をすること
批准	国家として同意すること。その決まりをわが国も取り入れ守るという意味
発効	その条約に記載された条件（一定国数以上の批准など）を達成して、法律や規則などの効力が発生すること
締結	全ての手続きを済ませ、条約参加を確定させること

（発効と締結は逆の場合もある）

禁止条約の意義

2017年7月、国連で核兵器禁止条約が採択

核拡散防止条約（NPT）や包括《ほうかつ》的核実験禁止条約（CTBT）に続き、二〇一七年、国連で核兵器禁止条約が採択されました。この条約で、「核兵器は違法」と初めて国際規範で明示されました（二〇二一年一月発効予定）。この条約の採択に大きな貢献を果たしたのが、国際NGO（非政府組織）の「ICAN」です。

ICAN（International Campaign to Abolish Nuclear Weapons）の正式名称を日本語に訳すと「核兵器廃絶国際キャンペーン」。ICANは、核兵器を禁止し廃絶するために活動する世界のNGOの連合体です。二〇一七年十月現在、百一カ国から四百六十八団体が参加しています。

「核兵器＝悪」の烙印《らくいん》を

ＩＣＡＮは、被爆者の声を世界に届け、〝核兵器の非人道性〟を訴えてきました。核兵器を廃絶するための条約の必要性も繰り返し伝え、インターネットやＳＮＳなどを駆使し、多数のＮＧＯなどと連携していったのです。活動は少しずつ実を結び、「すぐに禁止条約をつくるべき」と主張する国は次第に増え、ついに国連の場で話し合う大きな流れを生み出したのです。

ピースマークと弾頭（加害の主体を成す部分）が折られたミサイルのイメージがICANのシンボルマーク

核兵器に対して「悪の烙印」を押し、「持つこと自体が〝恥ずかしいこと〟」との考えを国際的なルール（規範）に定着させることは、重要な前進でした。軍縮の専門家が「条約への反対や、軍縮への抵抗が実際にあるとしても、規範の価値とその発展を打ち消すものではない」と語っているように、こうした国際規範がつくられ存在していることが、今後の世界の方向性を形づくるものとなります。

2017年12月、ICANのノーベル平和賞受賞の模様

核兵器なき社会を

現代社会における核廃絶は、一人一人の勇気ある行動によって一歩ずつ前に進んできました。一部の特別な人間によってではなく、小さな声が結集されることで社会をより良い方向に変える大きな力となる——被爆者や市民社会が後押ししたＩＣＡＮの活動は、それを示しています。

核兵器禁止条約は、核廃絶に向けた大きな一歩となりました。しかし全ての核保有国はこの条約に参加していません。この一歩で終わりではないのです。

複雑な事象がからみ合う現実にあって、核廃絶への道は決して平坦《へいたん》なものではありません。しかし、「幸せな生活を送りたい」「世界が平和であってほしい」という思いこそが人々をつなぎ合わせ、やがて誰も止めることができない平和への潮流を生むことでしょう。それが、現実を変革する最大の力であり、希望なのです。

エピローグ

あの日から七十五年――
長崎にはふたたび、美しい街並みが広がりました
港には船が行き交い、山から街を見渡せば、
家の明かりの中に、人々の笑顔が輝いています

平和とは、どこか遠くではなく
身近な日常の中にあるものかもしれません

一日一日を大切に生きる
目の前の一人を大切にする
大切だと思うものを互いに分かち合う――

大切なものを守るために
あなたにしかできないことが、きっとあるはず
共に、平和への一歩を

⑨ 永井隆記念館と如己堂《にょこどう》

永井隆は医学博士であり、カトリックの信者でもありました。原爆で最愛の妻を亡くし、自《みずか》らも被爆。白血病と戦いながらも、被爆者の救護活動を続けました。

被爆から約3年後、浦上の人々から贈られた2畳1間の小さな家・如己堂で研究を続けながら、『長崎の鐘』や『この子を残して』などの執筆活動をしました。2人の子どもと3人暮らしでした。

如己堂の名前の由来は、博士の座右の銘である「己の如く人を愛せよ」との言葉から。平和を願い続けた永井博士は、43歳でその生涯を閉じました。

▶開　館:9:00～17:00
▶休館日:12月29日～1月3日
▶入館料(1F展示室):
大人100円(団体80円)、
小・中高生は無料
▶駐車場:なし
▶住　所:長崎市上野町22-6
▶TEL : 095-844-3496

如己堂外観。隣接する永井隆記念館は１階が博士に関する展示室、２階が図書室となっている。

⑩ 旧山里国民学校(長崎市立山里小学校)

あの子らの碑

小学校の正門を入った左手に“あの子らの丘”という丘があります。この丘に建つ慰霊碑は、山里小学校の児童の被爆手記集『原子雲の下に生きて』を出版した永井隆博士が、子どもたちと相談して、原稿料の一部を出し合って建てました。碑文の文字は永井博士の書によるものです。

防空壕跡

戦時中、激しい空襲から身を守るために、学校や付近に住む人々がこの防空壕に隠れて避難していました。

現在、校舎裏手の崖に掘られた防空壕が唯一残されています。

▶被爆遺構のみ見学自由
▶駐車場:なし
▶住　所:長崎市橋口町20-56
▶TEL : 095-844-0785
※校舎内は立ち入り禁止です。

⑦ 旧長崎医科大学正門門柱

現在は長崎大学医学部坂本キャンパスになっていますが、当時は長崎医科大学と呼ばれていました。

医科大学の正門の門柱は強烈な爆風により、約9cmもずれ、前のめりに傾いたままとなっています。この門柱の片方は山かげになっていたので無事でした。

門柱のそばに建てられた石柱には「原爆の爆風のもの凄《すご》さを今尚《なお》ここに見る」と刻《きざ》まれています。

▶被爆遺構のみ見学自由
▶駐車場：なし
▶住　所：長崎市坂本1-12-4

教職員や学生は逃げる間もなく、約890人が亡くなりました。講堂の焼け跡には、教官・学生が講義の時の位置そのままの姿で亡くなっており、中には犠牲者が白骨化していた教室もありました。

⑧ 浦上天主堂

鐘楼

▶拝観時間：9:00～17:00
▶休館日：無休
▶入館料：無料
▶駐車場：なし
▶住　所：長崎市本尾町1-79
▶TEL：095-844-1777
※天主堂の中は写真撮影不可

天主堂は、1925年（大正14年）に完成。当時は赤レンガ造りの東洋一の教会といわれていました。天主堂の双塔は原爆の爆風で崩壊しました。二基の塔には鐘楼がついていましたが、一基は壊れ、一基は小川に落下。半分埋もれたような姿で今もなお横たわっています。

現在の浦上天主堂は、内部が一般公開されています。

堂内左右の窓には、キリストの生涯を描いた24枚のステンドグラスが設置されています。ミサのほかチャリティーコンサート、結婚式、バザー、夏祭り、クリスマス会などが行われています。

⑥ 山王神社・二の鳥居と被爆した大クス

爆心地からほど近い所にある山王神社。爆風で倒れたもう片方の鳥居も、そのまま残されています。

さらに奥へ進むと被爆した大きなクスノキが立っています。原爆で、幹に亀裂が入り、熱線で焼かれました。そのため、枯れ木状態となりましたが、奇跡的に生き返り、希望と平和のシンボルとなっています。ちなみに、この被爆クスノキを題材に、長崎市出身のアーティスト・福山雅治さんが「クスノキ」という曲を発表しています。

▶見学自由
▶駐車場：なし
▶住　所：長崎市坂本2-6-56

クスノキ

爆風の被害を物語っているのが二の鳥居なの。
原爆の爆発で中心の空気が瞬間的に熱せられ、
周りの空気が膨張。強い爆風を引き起こし、
建物や人々を吹き飛ばしたのよ。
下の表は爆心地からの距離と被害状況よ。

爆心地からの距離	被害状況	最大風速
0.5 km	・強い鉄骨建造物が総つぶれ。屋根・囲壁がなくなる ・鉄筋コンクリート建物、耐震設計のもの以外は完全破壊	280 m/s
1 km	・家屋はほとんど原形とどめず	160 m/s
2 km	・2階以上の煉瓦建は全壊	60 m/s
3 km	・木造家屋の部分破壊	30 m/s

爆心地では最大風速440m/sの
爆風が起こったんだってね。
走行中のトラックが瞬間風速40m/sで
横転するくらいだから、
その10倍以上って想像つかないよ。

爆風で人々は吹き飛ばされ、
全身に“散弾のような無数の
ガラスや木片”を浴びたの。
倒れた建物の下敷きになり
亡くなった人や、その後の
火災で動けないままに亡くなった人。命が助かっても
手足を切断され不自由を強《し》いられた人もいらっしゃったのよ。

④ 旧城山国民学校校舎（長崎市立城山小学校）

爆心地に最も近い学校だったため、被害が最も大きかった学校です。被爆校舎は「平和祈念館」として開放されており、長崎で現存する被爆遺構で唯一当時のまま、中に入って見学できる施設です。また、学校内には「嘉代子桜」や「少年平和像」もあります。

少年平和像

嘉代子桜

▶開館時間：9:30～16:30
（8月7日～10日は8：30～17:30）
▶休館日：12月29日～1月3日
▶入館料：無料
▶駐車場：なし
▶住　所：長崎市城山町23-1
▶TEL：095-861-0112
（指定管理者 城山小学校被爆校舎平和発信協議会）
※写真撮影可

2016（平成28）年10月3日、被爆校舎が長崎原爆遺跡の一つとして国指定史跡に選ばれました。

⑤ 平和公園

世界平和を祈念し、この祈念像は建てられました。

天を指す右手は原爆の「脅威《きょうい》」、水平にのばした左手は「平和」を示し、軽く閉じたまぶたは戦争で亡くなられた方々の冥福を祈っています。毎年8月9日に長崎原爆犠牲者慰霊平和祈念式典が開催されています。

▶入園自由
▶駐車場：有料あり
▶住　所：長崎市松山町9

公園内の世界平和シンボルゾーンには、世界15カ国から寄贈された平和の願いを込めたモニュメントが建てられています。「平和は長崎から」を全世界に強く訴《うった》えています。

③ 原爆落下中心地公園

爆心地に造られた公園で、「爆心地公園」とも呼ばれています。左写真の石碑は、原爆で亡くなった人々の冥福を祈り、原爆の恐ろしさを忘れないようにとの思いを込めて建てられました。

爆心地付近は道路に亀裂が走っていましたが、不思議なことに真上からの圧力のためか、電柱も樹木も倒れないで立っていました。これが後に、爆心地を判定する手掛かりとなりました。

公園がある松山町には、当時約300世帯1860人の一般市民が生活していました。偶然にも防空壕《ごう》に避難していた9歳の少女を除き、町内にいた全員が即死しました。

地層の中には、家の瓦・レンガ・熱で溶けたガラス・茶碗・針金などを見ることができます。

当時の地層

▶入園自由
▶駐車場：なし
▶住　所：長崎市松山町

原爆の被害は熱線、爆風、放射線に分けられるんだよ。まず熱線だけど、原爆の爆発時に火球が発生し、その後たった３秒で高熱が地上を包みこんだんだ。

恐ろしいね。火球の表面温度は約7000℃、中心部は数百万℃と推定されてるって聞いたことがあるわ。

そうだよ。太陽の表面温度は6000℃。原爆の恐ろしさが分かるよね。地形により違いはあるけれども、爆発後の地表温度は下の表に示したとおりだよ。

確か…、一般的なガラスは1300℃で溶けるのよね。怖いなあ。

爆心地からの距離	地表面の温度
0 km	3000～4000℃
1 km	1800℃
1.5 km	600℃

爆心地から200m以内で熱線を直接受けた瓦は沸騰して泡立ち、発泡状に。
2000m以内では電柱や樹木は燃え焦《こ》げたんだ。
市街地の3分の1を占める6.7km²が焼失したんだよ。

① 長崎原爆資料館

長崎に落とされた原子爆弾(ファットマン)の原寸大の模型があります。開館当初は模型の色は濃い緑色でしたが、実際は黄色だったことから、被爆から70年の2015年に塗り替えられました。

▶開館時間:
(5～8月)　8:30～18:30　入館は18:00まで
(8月7～9日) 8:30～20:00　入館は19:30まで
(9～4月)　8:30～17:30　入館は17:00まで
▶休　館:12月29日～31日
▶入館料:大人200円、小・中高生100円
▶駐車場:有料あり
▶住　所:長崎市平野町7-8
▶TEL : 095-844-1231
※写真撮影はフラッシュをたかなければ可

② 国立長崎原爆死没者追悼平和祈念館

原子爆弾の投下により亡くなられた方々を追悼し、世界平和を願う施設です。

水盤は被爆者の多くが水を求めたことから設置されています。その水盤は直径29mもあり、水盤の底には1945年末までの推計死没者数と同数の約7万個の光が灯されます。夜になると、ライトアップされ、静寂な時が流れています。

▶開館時間:
(5～8月)　8:30～18:30
(8月7～9日) 8:30～20:00
(9～4月)　8:30～17:30
▶休館日:12月29日～31日
▶入館料:無料
▶駐車場:有料あり
▶住　所:長崎市平野町7-8
▶TEL : 095-814-0055

被爆
建造物等
MAP
（爆心地周辺）
JR長崎本線
長崎電気軌道
⑩
旧山里国民学校
⑨
永井隆記念館と
如己堂
⑤
平和公園
⑧
浦上天主堂
長崎県営
野球場
④
旧城山
国民学校校舎
③
原爆落下中心地公園
①
長崎原爆資料館
市営陸上
競技場
②
国立長崎
原爆死没者
追悼平和祈念館
⑦
旧長崎医科大学
正門門柱
活水高等学校・
活水中学校
⑥
山王神社・
二の鳥居と
被爆した大クス
長崎西
高等学校
浦上駅

おすすめコースの紹介

～実際に長崎を訪れて、平和について考えてみよう！～

※両コースは、午前9時に見学をスタートした場合の参考例です。徒歩による所要時間は目安です。
　一日コースは約3.7キロメートル、半日コースは約1.4キロメートルの道のりになります。水分補給を忘れずに！

一日学習コース

- 9:00 旧城山国民学校校舎
- （徒歩10分）
- 9:45 原爆落下中心地公園
- （徒歩5分）
- 10:00 長崎原爆資料館／国立長崎原爆死没者追悼平和祈念館
- 昼食 11:20
- 13:30 山王神社・二の鳥居と被爆した大クス
- （徒歩10分）
- 13:50 旧長崎医科大学正門門柱
- （徒歩10分）
- 14:10 浦上天主堂
- （徒歩5分）
- 14:30 永井隆記念館と如己堂
- （徒歩5分）
- 15:05 旧山里国民学校
- （徒歩5分）
- 15:30 平和公園

半日学習コース

- 9:00 旧城山国民学校校舎
- （徒歩10分）
- 9:45 原爆落下中心地公園
- （徒歩5分）
- 10:00 長崎原爆資料館
- （徒歩5分）
- 11:00 平和公園

世界新三大夜景に選ばれた長崎の夜景

長崎ランタンフェスティバルのランタン

国立長崎原爆死没者追悼平和祈念館の「追悼空間」

風頭公園の龍馬像

国立長崎原爆死没者追悼平和祈念館の水盤には
夜間、約7万個の光が灯る

鍋冠山から望む長崎港の景色

Q 現在の長崎は？

古くから港町として栄えた長崎は、海外との関わりが多く、戦前から力を入れていた貿易、観光を中心とした復興が期待されました。

今では、稲佐山の夜景やグラバー園、眼鏡橋、ランタンフェスティバルなどの人気スポットやイベントがあり、国内外から多くの観光客が足を運ぶ魅力的な街となっています。

また長崎には、さまざまな被爆遺構が残されており、平和学習のために多くの修学旅行生の受け入れも行っています。現在は、多くの国と姉妹都市を通じて提携を結び、平和都市「ナガサキ」として世界中に平和の尊さを発信しています。

眼鏡橋

グラバー園

野母崎総合運動公園の水仙

【長崎の復興の歩み】

Q 長崎に原爆が投下された理由は？

長崎には、戦争に使用する武器や戦艦を生産、修理する軍需工場がありました。そのため、米軍の原爆投下目標の対象候補地の一つとなりました。8月6日に広島へ原子爆弾が投下されたのち、8月9日、2発目を積んだ爆撃機は福岡県の小倉を目標に飛んでいました。しかし視界不良のため、目的地が長崎に変更され、原爆が投下されました。

1945年8月9日　午前11時2分
原子爆弾が炸裂《さくれつ》

死者	**73,884人**
重軽傷者	**74,909人**
罹災人員	**120,820人**
罹災戸数	**18,409戸**

原爆資料保存委員会の報告（1950年7月）

★ちなみに、原爆投下の候補地は17都市ありました。そのうちの一つの京都が外れた理由は、かつての首都であり、歴史的価値の高い文化財が集中する京都に原爆を落とすことで、アメリカに対する非難が高まり、占領政策に支障が出ると考えられたからです。

Q 長崎の街はどのように復興していったの？

原爆投下から1年後の1946年、国の復興計画の目標となる「戦災復興計画基本方針」に基づき、復興への歩みが始まりました。さらに、4年後の1949年8月9日、国が長崎市を**「恒久平和の理想を達成するため」**に国際文化都市と定め、原爆落下中心地及びその付近一帯を平和公園として整備することになりました。こうして復興が進んでいきました。

キャラクター紹介

しょう平《へい》くん

和《かず》みちゃん

最近長崎に引っ越してきた仲良し兄妹。
一緒に長崎の被爆遺構を回ってみよう!!

▼ 長崎のことを教えてくれるキャラクターを紹介します

長崎の歴史を語らせたら右に出るものはいない。南蛮貿易時代に渡来。トレードマークは幸せの扉を開く鍵しっぽ(尾曲がり)。

おまがり先生

世界に平和を発信するのは私と決めている志高いお方、それがハト子さん。長崎市の鳥がハトになった際、1羽で祝杯をあげた。

ハト子さん

あじさいが咲く頃、長崎に現れる仲良し親子。移り気な性格で、世界各地を転々と移動する。尊敬するお方はシーボルト。

グラパパ&
リンちゃん&
オルちゃん

長崎観光のエキスパート。食べ歩きが生きがい。好物はミルクセーキ。時折、仲間を求めてペンギン水族館へと足を運ぶ。

ペン太くん

もくじ

参考文献等一覧

【プロローグ】

▶ 葉祥明『あの夏の日』自由国民社

【第1章 コラム】

▶ 戦争とくらしの事典編纂室『戦争とくらしの事典』ポプラ社

▶ 岩脇彰編『平和を考える 戦争遺物 ① 子どもたちと戦争』汐文社

▶ 大石学監修『100人が語る 戦争とくらし 第1巻 子どものくらし』学研プラス

▶ 田代脩、NPO「昭和の記憶」監修『語りつぎお話絵本 せんそうってなんだったの？ ③家族』学習研究社

▶ 田代脩、NPO「昭和の記憶」監修『語りつぎお話絵本 せんそうってなんだったの？ ④学校』学習研究社

▶ 暮しの手帖編集部編『戦中・戦後の暮しの記録——君と、これから生まれてくる君へ』暮しの手帖社

▶ 長崎県史編集委員会編『長崎県史 近代編』吉川弘文館

▶ 長崎市史編纂委員会編『新長崎市史 第3巻 近代編』長崎市

▶ 長崎市役所編『長崎原爆戦災誌 第1巻 総説編 改定版』長崎国際文化会館

▶ 長崎市役所編『長崎原爆戦災誌 第5巻 資料編』長崎国際文化会館

▶ 高橋晴子『年表 近代日本の身装文化』三元社

【第3章】

▶ 鈴木達治郎、光岡華子『こんなに恐ろしい核兵器 ① 核兵器はこうしてつくられた』ゆまに書房

▶ 鈴木達治郎、光岡華子『こんなに恐ろしい核兵器 ② 核兵器のない世界へ』ゆまに書房

▶ 黒澤満『核軍縮は可能か』信山社

▶ 中村桂子『核のある世界とこれからを考えるガイドブック』法律文化社

▶ ニューズウィーク日本版「南アフリカのケースに学ぶ核放棄の条件」(https://www.newsweekjapan.jp/stories/world/2018/04/post-9890.php) 閲覧日：2020年10月14日

▶ INPS JAPAN「核兵器の廃棄——南アフリカ共和国からの教訓」(https://www.international-press-syndicate-japan.net/index.php/region/africa/553-abandoning-nuclear-weapons-lessons-from-south-africa-2) 閲覧日：2020年10月14日

【ふろく】

▶ 長崎文献社編『長崎游学1「原爆被災地跡に平和を学ぶ」』長崎文献社

写真提供：長崎原爆資料館（P18、P21、P33、P43、P51、P63、P73、P81、P123）
ゲッティイメージズ（P122上、P126、P129、P132左、P136）
日本パグウォッシュ会議（P122下）
時事通信フォト（P124、P127、P132右、P135）
共同通信社（P130、P134）
長崎県観光連盟（P146上、P147左下、中央下）
国立長崎原爆死没者追悼平和祈念館（P143下、P146右中央、右下）
上記以外は、編者提供

大切《たいせつ》な青年《きみ》と―未来《みらい》につなぐナガサキの声《こえ》

2020年11月15日　初版第１刷発行

編　者　創価学会《そうかがっかい》長崎《ながさき》青年《せいねん》平和《へいわ》委員会《いいんかい》・女性《じょせい》平和《へいわ》文化《ぶんか》会議《かいぎ》
発行者　大島光明
発行所　株式会社 第三文明社
東京都新宿区新宿1-23-5
郵便番号　160-0022
電話番号　03（5269）7144（営業代表）
03（5269）7145（注文専用）
03（5269）7154（編集代表）
振替口座　00150-3-117823
ＵＲＬ　https://www.daisanbunmei.co.jp/
装幀・本文レイアウト　村上ゆみ子
イラスト　谷口真実
編集協力　嘉戸享二／株式会社クリエイティブメッセンジャー
印刷・製本　中央精版印刷株式会社

ISBN 978-4-476-06243-4